# Técnicas de apoyo psicológico y social en situaciones de crisis

Sonia Núñez Fernández

ic editorial

**Técnicas de apoyo psicológico y social en situaciones de crisis**
© Sonia Núñez Fernández

1ª Edición



Editado por: IC Editorial
c/ Cueva de Viera, 2, Local 3
Centro Negocios CADI
29200 Antequera (Málaga)
Teléfono: 952 70 60 04
Fax: 952 84 55 03
Correo electrónico: iceditorial@iceditorial.com
Internet: www.iceditorial.com



ISBN: 978-84-1184-818-3
Depósito Legal: MA 732-2025

Impresión: PODiPrint
Impreso en Andalucía – España

Nota de la editorial: IC Editorial pertenece a Innovación y Cualificación S. L.

## Presentación del manual

El **Certificado de Profesionalidad** es el instrumento de acreditación, en el ámbito de la Administración laboral, de las cualificaciones profesionales del Catálogo Nacional de Cualificaciones Profesionales adquiridas a través de procesos formativos o del proceso de reconocimiento de la experiencia laboral y de vías no formales de formación.

El elemento mínimo acreditable es la **Unidad de Competencia.** La suma de las acreditaciones de las unidades de competencia conforma la acreditación de la competencia general.

Una **Unidad de Competencia** se define como una agrupación de tareas productivas específica que realiza el profesional. Las diferentes unidades de competencia de un certificado de profesionalidad conforman la **Competencia General,** definiendo el conjunto de conocimientos y capacidades que permiten el ejercicio de una actividad profesional determinada.

Cada **Unidad de Competencia** lleva asociado un **Módulo Formativo,** donde se describe la formación necesaria para adquirir esa **Unidad de Competencia,** pudiendo dividirse en **Unidades Formativas.**

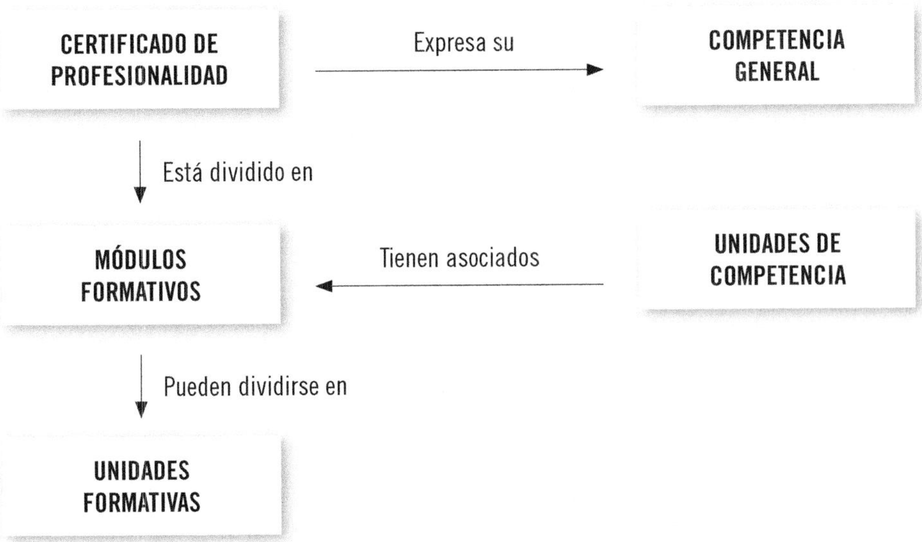

El presente manual pertenece al Módulo Formativo **MF0072_2: Técnicas de apoyo psicológico y social en situaciones de crisis,**

asociado a la unidad de competencia **UC0072_2: Aplicar técnicas de apoyo psicológico y social en situaciones de crisis,**

del Certificado de Profesionalidad **Transporte sanitario.**

| MF0072_2<br>TÉCNICAS DE APOYO PSICOLÓGICO Y SOCIAL EN SITUACIONES DE CRISIS | ← Tiene asociado el | UNIDAD DE COMPETENCIA UC0072_2<br>Aplicar técnicas de apoyo psicológico y social en situaciones de crisis |
|---|---|---|

## FICHA DE CERTIFICADO DE PROFESIONALIDAD

**(SANT0208) TRANSPORTE SANITARIO** (R. D. 710/2011, de 20 de mayo)

**COMPETENCIA GENERAL:** Mantener preventivamente el vehículo y controlar la dotación material del mismo, realizando atención básica sanitaria en el entorno prehospitalario, trasladando al paciente al centro sanitario útil.

| Cualificación profesional de referencia | Unidades de competencia | | Ocupaciones o puestos de trabajo relacionados: |
|---|---|---|---|
| SAN025_2:TRANSPORTE SANITARIO<br>(R. D. 295/2004 de 20 de febrero) | UC0069_1 | Mantener preventivamente el vehículo sanitario y controlar la dotación material del mismo. | • 8412.1017: Conductores de ambulancias<br>• Transporte sanitario programado y Transporte sanitario urgente, con equipos de soporte vital básico y equipos de soporte vital avanzado. |
| | UC0070_2 | Prestar al paciente soporte vital básico y apoyo al soporte vital avanzado. | |
| | UC0071_2 | Trasladar al paciente al centro sanitario útil. | |
| | UC0072_2 | Aplicar técnicas de apoyo psicológico y social en situaciones de crisis. | |

## Correspondencia con el Catálogo Modular de Formación Profesional

| Módulos certificado | Unidades formativas | Horas U.F. |
|---|---|---|
| MF0069_1: Operaciones de mantenimiento preventivo del vehículo y control de su dotación material. | UF0679: Organización del entorno de trabajo en transporte sanitario. | 40 |
| | UF0680: Diagnosis preventiva del vehículo y mantenimiento de su dotación material. | 60 |
| MF0070_2: Técnicas de soporte vital básico y de apoyo al soporte vital avanzado. | UF0681: Valoración inicial del paciente en urgencias o emergencias sanitarias. | 50 |
| | UF0677: Soporte vital básico. | 60 |
| | UF0678: Apoyo al soporte vital avanzado. | 50 |
| MF0071_2: Técnicas de inmovilización, movilización y traslado del paciente. | UF0682: Aseguramiento del entorno de trabajo para el equipo asistencial y el paciente. | 40 |
| | UF0683: Traslado del paciente al centro sanitario. | 60 |
| **MF0072_2: Técnicas de apoyo psicológico y social en situaciones de crisis.** | | 40 |
| MP0140: Prácticas profesionales no laborales. | | 160 |

# Índice

Capítulo 1

# Principios de la psicología general aplicada a situaciones de emergencias sanitarias

# Contenido

## 1. Introducción

El término psicología procede del griego, de la conjunción entre *psyche* (alma) y *logos* (estudio), por tanto, la psicología es la disciplina que se dedica al estudio del «alma». Se entiende, pues, que el objeto de estudio de esta ciencia es el hombre y sus procesos mentales: cognición, emoción y conducta humanas.

Cualquiera que haya vivido una situación de crisis o emergencia habrá podido observar cómo las emociones se disparan, se distorsiona el pensamiento «normal» (se aceleran, frenan o distorsionan los pensamientos y creencias) y aparecen conductas concretas. Obviamente, no es lo mismo el comportamiento y el estado anímico de una persona en su rutina diaria, que en aquellos momentos en los que la cotidianidad se ve alterada por una situación de emergencia.

Así mismo, no solo son distintas las situaciones que pueden provocar estas distorsiones sino que también existen grandes diferencias individuales en la actuación, sensación y cognición ante un mismo suceso. Dos personas que se enfrentan a una misma situación en un mismo momento, pueden reaccionar de formas muy diferentes.

El personal encargado del transporte sanitario debe poseer ciertos conocimientos psicológicos que faciliten tanto el desarrollo de su trabajo diario como el bienestar de aquellos con los que interacciona, ya sean pacientes o profesionales.

En el presente capítulo se define qué se entiende por personalidad, se exponen las diferentes etapas evolutivas por las que pasa el ser humano y las necesidades psicológicas de este, así como las diferencias y semejanzas que manifiesta ante la enfermedad.

## 2. Concepto de personalidad

En el lenguaje coloquial es común escuchar comentarios del tipo «tiene mucha personalidad», «tiene una personalidad fuerte», «tiene el mismo carácter que su padre, con mucha personalidad», etc. Todas estas frases hacen referencia a la manera de ser de una persona. Sin embargo, aún siendo el término *personalidad* una de las expresiones de la ciencia psicológica más utilizada popularmente, no siempre existe coherencia entre la idea a la que se refiere cuando se utiliza en la calle o en un ámbito académico.

Siguiendo a Pelechano (1996):

> *La **psicología de la personalidad** estudia las características psicológicas que identifican a un individuo o a un colectivo de individuos, según su génesis, estructura y funcionalidad, desde su origen hasta su desaparición.*

El mismo autor apunta que, cuando se habla de **características psicológicas** se refiere a aquellas que ocupan fundamentalmente un lugar en la acción intencional y planificada, las capacidades humanas, los sentimientos, actitudes, creencias y estilos de vida.

No existe una definición unánime de personalidad, ya que existen multitud de líneas, seguidas por distintos autores, que reflejan su consideración del término. Aún así, sí que se pueden extraer características comunes de la mayoría de las definiciones de personalidad. Estas son:

- La personalidad es un constructo hipotético.
- No implica connotaciones de valor sobre la persona que se habla, es decir, no se le supone mejor ni peor por manifestar ciertas características de personalidad.
- Los rasgos de personalidad se manifiestan relativamente estables a lo largo del tiempo y consistentes de una situación a otra. Los rasgos se definen como una disposición de conducta que caracteriza la manera de ser de las personas.
- La variabilidad de la conducta en diferentes circunstancias se debe a las cogniciones, motivaciones y estados afectivos.
- La personalidad está determinada por influencias personales, sociales o culturales.
- La personalidad es distintiva y propia de cada individuo.

- Las personas buscan adaptar su conducta a las características del entorno. Las características personales influyen tanto en el tipo de adaptación escogido como en la percepción que se haga del medio.

## Sabía que...

En psicología de la personalidad se diferencia entre carácter y temperamento.

- El **carácter** son aquellas características adquiridas durante nuestro desarrollo, en el proceso de socialización, y se encuentra relacionado con la interiorización de las normas sociales en nuestra conducta.
- El **temperamento**, a diferencia del carácter, se relaciona con una disposición biológica hacia ciertos comportamientos.

Aunque, como se ha expuesto, no existe una única definición de personalidad totalmente aceptada por todos los teóricos, se tomará como referente la definición de Bermúdez (1985), ya que integra las características estudiadas anteriormente. Según esta:

> *La **personalidad** es la organización relativamente estable de aquellas características estructurales y funcionales, innatas y adquiridas bajo las especiales condiciones de su desarrollo, que conforman el equipo peculiar y definitorio de conducta, con que cada individuo afronta las distintas situaciones.*

### Desarrollo de la personalidad. Teorías

Siguiendo de nuevo a Bermúdez, las distintas teorías de la personalidad se clasifican en tres grupos o paradigmas, cuya diferencia principal radica en el elemento considerado como determinante de la conducta. Estos tipos son:

a. **Internalista u organicista:** la conducta está determinada principalmente por factores personales individuales, es decir, se relaciona con factores internos.
b. **Situacionista:** el ambiente o situación en el que se desenvuelve la persona es lo que determina la conducta. Se asocia, por tanto, a factores externos.
c. **Interaccionista:** la conducta está determinada por la interacción de variables personales y variables situacionales. Es decir, se unen elementos de las dos anteriores corrientes.

## 3. Etapas evolutivas del ser humano. Características fundamentales

Al comenzar a hablar sobre las etapas evolutivas del ser humano podría parecer que estas dependen únicamente del factor biológico, es decir, según la edad de cada persona se encontrará en una u otra etapa. Sin embargo, al adentrarnos en el tema comienza a parecer obvio, como lo fue para Erikson en su *Teoría del Ciclo Vital*, la necesidad de tener en cuenta los factores sociales y la relación que cada cual tenga con su entorno.

### Ejemplo

Dos personas con la misma edad deberían encontrarse en un momento vital parecido, sin embargo, depende en gran medida de la situación social que vivan.

Para ello imaginen estos dos casos:

- Pedro Pérez tiene 21 años. Es estudiante, juega al fútbol los fines de semana con sus amigos. Tiene novia. Conduce el coche de su padre cuando se lo deja y vive en casa de sus progenitores.
- Manolo García tiene 21 años y trabaja. Sus padres fallecieron en un accidente, y él debe cuidar de un hermano pequeño. Además, mantiene a su mujer y a un bebé que tienen de 6 meses. Los fines de semana juega al fútbol con sus amigos, paga una hipoteca y conduce el coche de segunda mano de su padre (la única herencia que le quedó).

Continúa en página siguiente >>

<< Viene de página anterior

Es fácil imaginar que la relación con el entorno de uno y otro será diferente, y que los retos que deben superar ambos son bien distintos aún teniendo la misma edad.

---

Erikson defiende que cada persona interactúa con las demandas que se le plantean, sus aspectos internos y realidad de su entorno social y cultural. Por ello, no delimita estrictamente, solo aproximadamente, en una edad cada una de las ocho etapas en la que separa el ciclo vital. A este respecto se debe tener en cuenta que, llegando a las últimas etapas (especialmente senectud), las diferencias individuales son cada vez mayores, en función de la situación externa en la que viva. Es fácil ver las diferencias entre una persona que actualmente tiene 60 años y una persona con esa misma edad, pero hace medio siglo, en un mismo lugar. Tampoco es lo mismo la esperanza y forma de vida de dos personas de igual edad, pero que viven en países del primer y tercer mundo.

Las etapas evolutivas se caracterizan por una serie de retos y crisis que deben superarse para afrontar con éxito la siguiente etapa.

| ETAPAS EVOLUTIVAS | EDAD CRONOLÓGICA APROXIMADA |
|---|---|
| La infancia hasta los tres años | 0-3 años |
| La edad preescolar | 3-6 años |
| La edad escolar | 6-12 años |
| Adolescencia | 13-19 años |
| Madurez | 20-65 años |
| Senectud | 65 años en adelante |

A continuación se detallan las principales características de cada una de estas etapas.

### 3.1. La infancia hasta los tres años

Cuando nacen los niños están muy indefensos y necesitan ayuda, pero están bien dotados perceptivamente, tienen una gran capacidad para aprender y están preprogramados para interesarse por los estímulos sociales.

Los recién nacidos cuentan con sistemas sensoriales (detectan olores, pueden responder a caras y voces familiares...) que les ayudan a conocer el mundo progresivamente.

En la primera infancia el ser humano dispone de conductas reflejas innatas, como el reflejo de prensión, por ejemplo, por el que el bebé cierra la palma de la mano con fuerza cuando algo la toca. Estas conductas reflejas van desapareciendo poco a poco en los primeros meses de vida, solo dos son permanentes: el **reflejo de parpadeo** (consistente en cerrar los ojos cuando los enfocan con una luz fuerte) y el **reflejo patelar** (extensión de la pierna hacia delante cuando se golpea fuerte debajo de la rótula).

Especialmente en esta época de la vida, la relación con la figura de apego (madre, padre o cuidador principal) resulta fundamental, ya que es la base del aprendizaje de las primeras relaciones sociales. Entre ellos existe una comunicación perfecta e intuitiva. El bebé pronto la identifica como una persona diferente a las demás. La figura de apego, quien usualmente lo protege y cuida, también se convierte en fuente de afectividad y conocimiento, despertando, además, la atención y estimulándole la actividad. Poco a poco en esta relación (que es la primera relación que establece un bebé) comienza el desarrollo emocional y el control emocional del recién nacido.

En esta etapa también es donde aparecen los primeros juegos de imitación de gestos.

El juego en esta etapa se centra en la manipulación de objetos o juguetes (juegos de construcción). Cuando distintos niños de esta edad juegan juntos realmente lo que sucede es que juegan el uno al lado del otro, pero sin interactuar ni colaborar en una actividad. Este tipo de juego se denomina *juego en paralelo.*

Biológicamente empieza el aumento del control corporal, comenzando el desarrollo del lenguaje y el control de esfínteres.

### 3.2. La edad preescolar de los tres hasta los seis años

En esta etapa los niños tienen un amplio, aunque rudimentario, conocimiento social sobre el colegio, la edad, las emociones... Al mismo tiempo comienzan a adquirir el dominio sobre el esquema corporal.

En este momento de sus vidas, los niños y niñas aún siguen viendo a sus padres como seres omnipotentes, ya que ellos son su principal fuente de seguridad y afecto. De hecho, se puede observar una cierta ansiedad por la separación con ellos que progresivamente desaparecerá.

El juego en paralelo va siendo reemplazado por la actividad lúdica compartida, aunque se mantiene la capacidad de jugar en solitario. Destaca en sus gustos el *juego sociodramático*, es decir, de imitación de los adultos como una parte más de su aprendizaje. Además, el juego cumple una función en la regulación de emociones y en la descarga de energía. Estas primeras relaciones sociales son la base en la que comienzan a poner en práctica ciertas normas sociales, como la de hacer turnos en sus interacciones, por ejemplo.

Los niños de estas edades no tienen la habilidad de ponerse en el lugar del otro, de pensar qué pensará el otro, de empatizar. Por ello, son muy egocéntricos. Además, utilizan la negación constante como estrategia de afirmación de su propia identidad.

En esta etapa se producen grandes avances en psicomotricidad, siendo un factor determinante en esta etapa evolutiva. Algunos ejemplos de destrezas motrices por edades son las que se exponen en la siguiente tabla:

| | |
|---|---|
| **2-3 AÑOS** | Correr, en contraposición con el andar rápido del segundo año.<br>Mantenerse sobre un pie un par de segundos.<br>Tirar una pelota con la mano sin mover los pies del sitio.<br>Utilizar la cuchara para comer. |
| **3-4 AÑOS** | Subir escaleras sin apoyo, poniendo un pie en cada escalón.<br>Andar unos pasos a la pata coja.<br>Saltar entre 40 y 60 cm de longitud.<br>Usar tijeras para recortar papel.<br>Cepillarse los dientes.<br>Ponerse una camiseta.<br>Abrochar y desabrochar botones.<br>Dibujar líneas y hacer dibujos con contornos.<br>Copiar un círculo.<br>Montar en triciclo. |
| **4-5 AÑOS** | Bajar escaleras sin apoyo y un pie en cada escalón.<br>Correr a la pata coja.<br>Saltar entre 60 y 80 cm de longitud.<br>Mayor control para comenzar a correr, pararse y girar.<br>Cortar una línea con tijeras.<br>Doblar papel, usar punzón para picar, colorear formas simples.<br>Utilizar el tenedor.<br>Vestirse sin ayuda.<br>Copiar un cuadrado. |
| **5-6 AÑOS** | Caminar sobre una barra de equilibrio.<br>Buen control de la carrera: arrancar, pararse y girar.<br>Saltar unos 30 cm en altura y cerca de un metro en longitud.<br>Copiar un triángulo y, posteriormente un rombo.<br>Aprender a montar en bicicleta y patinar.<br>Marchar al ritmo de sonidos.<br>Usar cuchillo, martillo, destornillador.<br>Escribir algunos números y letras. |

## 3.3. La edad escolar

Esta etapa evolutiva, en relación al desarrollo social, presenta unos rasgos principales:

- Creciente capacidad para conocer sus emociones y las de los demás.
- Distinguen entre el comportamiento en el ámbito privado y el comportamiento en público, es decir, comienzan a ser conscientes del rol que se desempeña en cada uno de ellos.
- Adquieren valores como el respeto o la solidaridad en base a la enseñanza que reciben, teniendo una importancia especial los modelos que observan.
- Los juegos son de cooperación entre los iguales. En ellos suelen proyectar y representar sus propios temores, deseos y ansiedades.
- Se trata de un momento en el que se produce un importante desarrollo del autoconcepto y la autoestima.

Para analizar el desarrollo intelectual en esta etapa es interesante hacer mención a los dos grandes teóricos del desarrollo: Piaget y Vigotski.

### Piaget

Jean Piaget es el autor de uno de los enfoques más importantes en la psicología evolutiva. Aunque su teoría ha sido revisada por distintos autores, habiendo sido reestructurada, incluso, por el mismo Piaget, su aportación se encuentra en la base del conocimiento de esta materia, ya que es uno de los pilares de la comprensión de la conducta humana.

Piaget establece distintas etapas en el desarrollo. Según su concepción, para poder avanzar en el desarrollo son necesarios dos requisitos: la **maduración** (ya que si el individuo no se encuentra en un momento madurativo adecuado no será posible el desarrollo) y la **acción** (si la persona fuera pasiva no progresaría intelectualmente).

Existen tres conceptos fundamentales para entender el desarrollo, según este autor:

- **Asimilación:** aplicar un esquema intelectual sobre el medio. Se refiere a la adquisición de conocimientos y a la integración de estos, con el consiguiente aumento cuantitativo.
- **Acomodación:** modificar los esquemas previos teniendo en cuenta el medio. Se incluyen nuevos conocimientos, pero reestructurando los que se existían previamente.

- **Adaptación:** se produce como producto de la sucesión de acomodación y asimilación, y se transforma en crecimiento intelectual.

Una persona al interaccionar (realizar una acción), en un momento madurativo adecuado, con una realidad, sobre la cual debe aplicar un esquema intelectual que le ayude a entenderla (asimilación), modificará sus esquemas propios (acomodación) y su conocimiento cambiará y ampliará. Según Piaget, en el proceso de construcción del conocimiento siempre existe asimilación y acomodación, ya que son las dos caras de una misma moneda, gracias a las que se produce una adaptación (un equilibrio progresivo de la inteligencia).

Desde el punto de vista de Piaget, el desarrollo se forma en cuatro estadios o etapas:

- **DESARROLLO SENSIORIOMOTOR** (hasta los 18 meses). Incluye:
  - Reflejos.
  - Esquemas de acción física y manipulativa, especialmente motriz.
- **PREOPERACIONAL** (18 meses - 6/7 años). En este momento el niño opera ya mentalmente, pero su representación del mundo es ilógica. Incluye:
  - Imitación.
  - Acciones simbólicas.
  - Dibujo.
  - Lenguaje.
- **OPERACIONAL CONCRETO** (6/7 - 11/12 años). Ya tiene lógica, pero es concreta, puesto que aunque puede manejar representaciones mentales, estas deben ser directamente observables. Incluye:
  - Conservación.
  - Contar.
  - Clasificar.
  - Seriar (hacer series).

- **OPERACIONAL FORMAL** (de los 12 años en adelante). En este momento ya se utilizan representaciones abstractas, aquellas que no tienen que ser directamente perceptibles.

### Vigotski

Este psicólogo ruso analiza el proceso de aprendizaje en base a tres conceptos fundamentales:

- **Nivel de Desarrollo Real (NDR):** hace referencia al desarrollo concreto en un momento concreto. Es observable y puede medirse.
- **Zona de Desarrollo Próximo (ZDP):** se refiere al espacio, brecha o diferencia entre las habilidades que ya posee el/la niño/a y lo que puede llegar a aprender a través de la guía o apoyo que le puede proporcionar un adulto.
- **Nivel de Desarrollo Potencial (NDP):** es el nivel de competencia que un niño puede alcanzar cuando es guiado y apoyado por otra persona. La diferencia entre el NDR y NDP es lo que se llama ZDP. La idea de que un adulto significativo medie entre la tarea y el niño es lo que recibe el término *andamiaje*.

Sabía que...

Piaget y Vigotski fueron coetáneos, aunque nunca llegaron a conocer sus respectivas obras.

## 3.4. La adolescencia

La adolescencia es una etapa caracterizada por cambios fisiológicos, especialmente la aparición de caracteres sexuales secundarios, que repercuten en la vida del adolescente.

Los cambios físicos pueden producir inseguridad, sentimiento de inferioridad y disminución de la autoestima, así como una sensación de no reconocer el propio cuerpo.

Los adolescentes tienden a buscar en su grupo de amigos cercano la seguridad grupal como refugio, ya que en ella adquieren una identidad grupal importante en la formación de la identidad personal. Por otra parte, encuentran en aquellos que comparten su misma situación la comprensión de todos sus problemas. Se produce en este momento una ruptura o protesta hacia el mundo adulto que, unida a las emociones extremas propias de la edad, pueden dar lugar a numerosos conflictos con los adultos, especialmente con los padres.

La realidad se vive con una gran riqueza emotiva que lleva a la inestabilidad del carácter y a la incertidumbre. Por otra parte, es en esta etapa cuando aparece en mayor grado los idealismos y el inconformismo.

La adolescencia es el periodo en el que pueden plantearse actitudes ambivalentes hacia la sexualidad. En ella pueden aparecer dudas acerca del objeto amoroso (ser heterosexual u homosexual). Así mismo, esta etapa queda marcada por un aumento importante del deseo físico.

### 3.5. La madurez

En los primeros años de la edad adulta o juventud se presenta en el ser humano una gran vitalidad, capacidad productiva y habilidad que posteriormente da lugar a la experiencia, la prudencia, la precaución y la reflexión.

Aunque la media de edad en nuestra sociedad para la independencia ha aumentado en las últimas décadas, se puede establecer que aproximadamente en la segunda década de la vida o en la primera mitad de la tercera las personas tienden a estabilizarse. Los problemas en el plano social se van solucionando (progreso profesional, se afianza la pareja, se forma un hogar propio, inicio de la paternidad/maternidad...) y las relaciones sociales tienden a estabilizarse.

En este momento existen unos rasgos de personalidad estables, aunque la evolución o desarrollo no se produce en todas las facetas con la misma intensidad, pudiendo llegar a una gran madurez en determinados aspectos, pero no en otros.

A medida que se aumenta en edad se produce una involución física, ya que el cuerpo cambia y se pierde la capacidad de reproducción. La menopausia puede ser un foco de amenaza para la autoestima de la mujer y de un gran malestar. Los hombres también pierden virilidad, pudiendo conllevar un descenso de la autoestima.

### 3.6. La senectud

En esta última etapa se produce un cambio físico que conlleva una disminución de la velocidad de reacción, del vigor muscular y de la resistencia física. Además aparece un mayor número de problemas médicos.

Por otra parte, existe una mayor dificultad para aprender y son normales los déficits de memoria. Aunque la persona puede mantener la memoria ya adquirida, se pierde capacidad para memorizar nuevos datos. Todo ello, además, se complica si el Sistema Nervioso Central se ve afectado por una demencia (relativamente frecuentes en edades avanzadas).

Al llegar a la vejez, uno de los cambios más significativos en la vida de los sujetos es la jubilación. Esta implica no solo una mayor cantidad de tiempo libre, sino que, además, modifica la rutina diaria, los contactos sociales provenientes del entorno laboral, disminuyen los recursos económicos y puede conllevar un malestar proveniente de sentirse inútiles sin trabajar, bajando la autoestima.

A la jubilación se le añade una menor responsabilidad, puesto que los hijos son mayores e independientes. Actualmente, muchas personas de la tercera edad ocupan su tiempo ocupándose del cuidado de los nietos o participando en asociaciones como voluntarios.

Las redes sociales tienden a disminuir, debido al fallecimiento de los amigos, y aumenta la cantidad de personas solas.

Esta etapa puede conllevar, en algunos casos, un cambio de residencia, ya que dejan el hogar propio para irse a vivir con algún hijo o ingresar en una residencia.

En las anteriores etapas no existe el conflicto psicológico, pero en esta sí aparece, debido a que para afrontarlas se requiere una energía que va disminuyendo. Sin embargo, no debe olvidarse que ya han recorrido todo el ciclo y cuentan con el conocimiento de la experiencia.

## 4. Las necesidades humanas

Uno de los autores clásicos en el estudio de las necesidades humanas es Maslow. Sin embargo, pese a ser su teoría una de las pioneras y ser referente indiscutible en la explicación de las necesidades humanas y la motivación para satisfacerlas, puede considerarse que está perdiendo validez, ya que la realidad en la que se establece ya no se ajusta a la vivencia del ser humano actual.

Abraham Maslow estableció una jerarquía de necesidades que consta de cinco niveles:

- Necesidades fisiológicas
- Necesidades de seguridad
- Necesidades de filiación o aceptación social
- Necesidades de reconocimiento o autoestima
- Necesidades de autorrealización

Se suele describir como una pirámide, en la que las necesidades fisiológicas se encuentran en la base y las de autorrealización en la cúspide. Solo cuando se tienen cubiertos los primeros niveles comienza la preocupación de los siguientes, aunque existe la posibilidad de que por suceder un evento, y pese a encontrarnos en un nivel superior, de pronto volvamos a preocuparnos por niveles más básicos. Tal es el caso de un accidente donde todo lo demás queda relegado a la supervivencia.

**PIRÁMIDE DE LAS NECESIDADES HUMANAS**

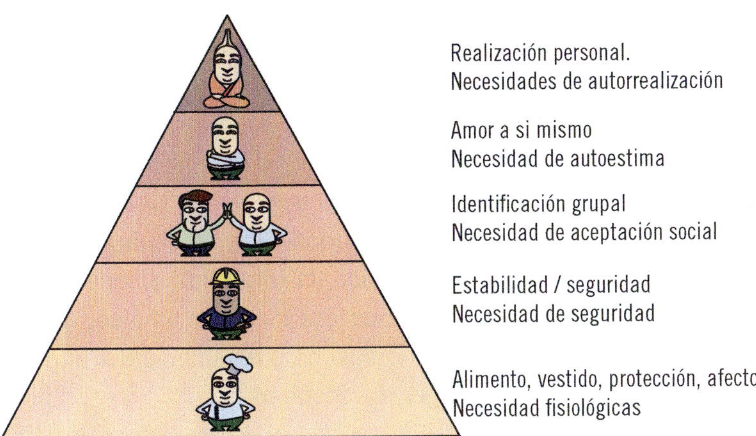


## Necesidades fisiológicas

El primer escalón de la pirámide de Maslow, como se ha visto, lo ocupan las necesidades fisiológicas o primarias, es decir, aquellas imprescindibles para la supervivencia del ser humano. En estas necesidades básicas se encuentran las funciones básicas de alimentación, agua, oxígeno, necesidades sexuales, etc.

En nuestra sociedad la mayoría de la población tiene cubiertas las necesidades básicas. Pero si se echa la vista atrás, a la época de nuestros abuelos, pueden reconocerse en sus historias estas necesidades primarias y como todo pasa a un segundo plano cuando no se tiene un plato de comida, por ejemplo. Hoy día siguen existiendo colectivos que precisan estas necesidades fisiológicas, no solo en países lejanos, sino en nuestra misma sociedad.

Podría parecer que para que nos resulten obvias las necesidades fisiológicas tenemos que hacer un esfuerzo por recordar otra época o por pensar en un país subdesarrollado, sin embargo, el instinto de supervivencia aparece cada día en las situaciones de emergencia. Cuando se acude a una llamada por una crisis sanitaria lo normal es encontrarse con personas para las que lo fundamental, la vida, ha cobrado un significado especial. Puede que un momento antes pensase lo necesario que era comprarse un nuevo perfume para una cita importante y, de repente, al sufrir un accidente de tráfico, no solo olvida el perfume, la cita o la impresión que quiere causar, sino hasta si se siente valorado en el trabajo, si podrá pagar la hipoteca, etc. En ese momento lo importante es de nuevo el primer escalón en la jerarquía de Maslow: asegurarse la supervivencia.

### Necesidades de seguridad

Una vez cubiertas y compensadas las necesidades básicas, en los individuos aparecen las necesidades de seguridad y protección. Dentro de esta categoría se encuentran la seguridad física, la salud, la vivienda y el bienestar del hogar, la seguridad ciudadana, la certeza de tener empleo, etc. Es decir, en este nivel, en el que el ser humano deja de preocuparse por lo más básico, comienza a preocuparse por proteger sus recursos.

Para comprender este punto imaginaremos una catástrofe natural, como un terremoto o una inundación. El primer pensamiento lo tenemos siempre en los heridos e, incluso, fallecidos. Pero cuando constatamos que todo el mundo está bien, inmediatamente pasamos a considerar el estado de nuestra casa, y pensamos en los costes que nos supondrá que todo vuelva a la normalidad, en definitiva, pensamos en nuestros recursos.

### Necesidades de filiación o aceptación social

El ser humano por naturaleza siente la necesidad de relacionarse, de ser parte de un grupo social. Cada persona participa en multitud de colectivos (familia, grupo de amigos, compañeros de trabajo, asociaciones, equipos deportivos, comunidad religiosa, etc.). En ellos es donde puede satisfacer su necesidad de filiación.

En el tercer escalón de la pirámide aparecen sentimientos, como el amor y la amistad, el compañerismo y el afecto.

Cualquiera que se haya mudado a un lugar desconocido reconocerá cómo a su llegada piensa en llenar la nevera y, cuando se dispone de lo imprescindible, comenzamos a organizar nuestras cosas, objetos que nos proporcionan seguridad y nos hacen sentir a gusto... Más tarde, necesariamente, intentas establecer relaciones sociales (con los vecinos, los compañeros de trabajo o en el parque). El ser humano es un ser social que busca la compañía de los demás porque los necesita.

Por otra parte, en este escalón no solo se necesita pertenecer a un grupo, sino también sentirnos integrados en él. Nadie quiere ser la "oveja negra" de la familia o el compañero de trabajo a quién nadie le cuenta el último notición.

### Necesidades de reconocimiento o autoestima

Maslow sitúa en esta escala la necesidad de atención, aprecio, reconocimiento, reputación, estatus, dignidad, fama y gloria. Es decir, la necesidad de sentirnos valorados por los demás en nuestras interacciones sociales.

Por otra parte, el autor señala que solo con el aplauso de los demás no tendremos completa esta necesidad. Nuestra propia imagen es fundamental a este respecto.

La autoestima, el reconocimiento propio, la confianza y el respeto a uno mismo son pilares imprescindibles para seguir en la búsqueda de la satisfacción plena.

### Necesidades de autorrealización

Este último nivel es el más difícil se satisfacer. No solo porque para lograrlo haya que conseguir también el resto, sino porque la necesidad de autorrealización es en sí misma un camino duro.

Algunos autores plantean que muchas personas no llegan nunca a conseguir este nivel de autorrealización. Otros estudiosos han bautizado este nivel con multitud de nombres, tales como "motivación de crecimiento" o "necesidad de ser".

Aunque suene a libro de autoayuda, cuando se satisface la necesidad de autorrealización, se encuentra el sentido de la vida. Cubierta toda la jerarquía, parece que es en nuestro propio interior donde está la clave para culminar la pirámide, en la valoración positiva que tenemos de nosotros mismos y de lo que hacemos.

Para alcanzar este nivel, todos los individuos necesitan alcanzar y completar hasta el mejor punto posible, el resto de niveles y necesidades inferiores.

## Aplicación práctica

**Clasifica las diferentes necesidades de la jerarquía de Maslow con sus correspondientes conceptos:**

**Necesidades:**

- **Necesidad fisiológica**
- **Necesidad de seguridad**
- **Necesidad de filiación**
- **Necesidad de reconocimiento**
- **Necesidad de autorrealización**

**Conceptos:**

- **Prestigio social**
- **Hambre**
- **Amistad**
- **Seguridad ciudadana**
- **Autoestima**
- **Instinto de supervivencia**
- **Sentido de la vida**

**SOLUCIÓN**

| | |
|---|---|
| **Necesidades fisiológicas** | - Hambre<br>- Instinto de supervivencia |
| **Necesidades de seguridad** | - Seguridad ciudadana |
| **Necesidades de filiación** | - Amistad |
| **Necesidad de reconocimiento** | - Prestigio Social<br>- Autoestima |
| **Necesidad de autorrealización** | - Sentido de la vida |

### 4.1. Mecanismos de defensa de la personalidad

Según Maslow los mecanismos de defensa suponen un obstáculo hacia la autorrealización, culmen de su jerarquía de necesidades. Sin embargo, no todos los autores los consideran un impedimento en el bienestar del ser humano.

Para Haan los mecanismos de defensa recogen los recursos y métodos de adaptación que utilizan las personas. Algunos de ellos los supone más realistas, mientras que en otros el individuo se aleja de la realidad en el intento de convivir con ella sin que le cree malestar.

Según Lazarus y Folkman el **afrontamiento** se refiere a pensamientos y conductas especificas que una persona utiliza para manejar las demandas internas y externas de situaciones percibidas como generadores de tensión. Por ejemplo, ante un examen se consideraría afrontamiento todas la acciones e ideas que ayudasen al estudiante a superar la tensión que le supone la prueba evaluativa.

Estos autores distinguen dos tipos de afrontamiento:

- **Afrontamiento dirigido al problema:** ante la amenaza de un problema y en el intento de evitar o disminuir su impacto, se realiza una acción directa. Para ello, se debe definir el problema, buscar información, evaluar los recursos de los que se dispone, aprender nuevas habilidades o poner en práctica las ya conocidas, etc.
- **Afrontamiento dirigido a la emoción:** se refiere a los esfuerzos para reducir las emociones negativas, surgidas en respuesta a una amenaza, cambiando la forma en que se atiende o se interpreta dicha amenaza. Entre los distintos tipos de afrontamiento dirigido a la emoción se encuentran la negación, minimización, distanciamiento, evitación, etc.

Los **mecanismos de defensa de la personalidad** pueden ser vistos como modos de **afrontamiento dirigidos a la emoción.** Estos serán adaptativos si ayudan a la persona a asimilar una realidad especialmente dolorosa o si facilitan un posterior afrontamiento dirigido al problema.

Los mecanismos de defensa se consideran especialmente importantes cuando no se puede modificar la situación que es o se siente como amenazante, para asimilar una situación desbordante y facilita a las personas convivir con el problema que se le plantea.

## Tipos de mecanismos de defensa

Los principales tipos de mecanismos de defensa de la personalidad son nueve:

- Compensación
- Represión
- Identificación
- Racionalización
- Negociación
- Proyección
- Aislamiento
- Regresión
- Desplazamiento

A continuación se detallan.

### *Compensación*

Este mecanismo consiste en silenciar un sentimiento de inseguridad exagerando un rasgo real o deseable. Se intenta compensar un aspecto que no nos gusta remarcando o potenciando otro que consideramos positivo.

### *Represión*

Probablemente es el mecanismo más frecuente con que se bloquean las sensaciones y recuerdos, es una forma de olvido. Mediante este mecanismo todo lo que le molesta al sujeto a nivel consciente se reprime, es decir, se sacan de la conciencia las ideas y recuerdos que provocan ansiedad. Es como si se olvidara aunque la información sigue existiendo. Imagínese que dos niños quieren una chuchería, uno un caramelo y el otro un regaliz, puede que uno reprima su deseo eligiendo lo mismo que su compañero.

#### *Identificación*

Es el fenómeno contrario de la represión. La persona establece aquí una relación entre ella misma y otro personaje o grupo (normalmente con más fama que ella) de forma que se siente partícipe de la gloria de aquel evitando sentirse incompetente. Uno de los ejemplos más claros de la identificación es el "fenómeno fans", en el que alguien se identifica con su actor o músico preferido imitando su vestuario y gestos. Con ello intenta mejorar la percepción que tienen de ellos mismos.

#### *Racionalización*

Este mecanismo de defensa es una forma sutil de negación. Se comprende que se está amenazado, pero se evita el problema analizándolo y racionalizándolo. Es el caso de una persona que se da a sí misma explicaciones que no son verdaderas, llegando incluso a convencerse de que lo son, evitando aquello que le crea ansiedad. La racionalización ocurre por ejemplo cuando alguien le pide un favor y ante la desgana de realizarlo se autoconvence de que en realidad no es tan importante que lo haga.

#### *Negación*

Este es uno de los mecanismos de defensa más comunes. Consiste en no reconocer una realidad dolorosa o amenazadora. Uno de los ejemplos más claros es cuando una persona pierde a un familiar muy querido, como un hijo, y se niega a aceptar que haya muerto.

#### *Proyección*

En este caso se reconoce en otros aquellas características propias que no deseamos ver. Por ejemplo, cuando se justifica la tardanza diciendo que se ha llegado tarde porque los demás también son impuntuales.

***Aislamiento***

Lo que se intenta mediante este mecanismo de defensa es huir de las situaciones de tensión. Ante una situación conflictiva se huye emocionalmente, es decir, se separa la situación de los sentimientos que provoca.

***Regresión***

La regresión se da cuando ante un acontecimiento traumático la persona reacciona con un comportamiento propio de una etapa evolutiva anterior. Sucede en ocasiones que un niño que ya controlaba esfínteres, vuelva a necesitar el uso de pañales tras vivir una situación familiar difícil, como una separación.

***Desplazamiento***

En este caso la persona expresa su preocupación o ansiedad por una vía distinta a la original, de la que procede el problema. Imagine el caso de alguien que, encontrándose mal en el trabajo, comienza a sentir grandes problemas de estomago, sería posible que visitara a numerosos médicos y siguiese con el mismo empleo. El malestar está saliendo a la luz, sin embargo, le evita enfrentarse a un problema mayor, reconocer que está mal en su trabajo y hablar con su jefe, o incluso abandonarlo.

## 5. Experiencias más comunes asociadas al proceso de enfermar (ansiedad, desarraigo, desvalorización, entre otras)

En anteriores epígrafes de este capítulo se han expuesto conceptos básicos relacionados con la personalidad, la evolución del ser humano y las necesidades de este, como base del conocimiento que un **Técnico en Transporte Sanitario** debe tener para desarrollar un correcto apoyo psicológico y social en situaciones de crisis. Sin embargo, además de esta visión general, es necesario profundizar en el proceso de enfermar para comprender las especiales situaciones por las que pasan los pacientes y usuarios del servicio en el que el técnico participa.

El proceso de enfermar, como todo proceso, comprende diferentes etapas. No se encuentra igual una persona que comienza a sentir malestar que aquella a la que acaban de diagnosticar de una enfermedad grave, ni la que ya convive con un tratamiento.

Por otra parte, emocionalmente los pacientes varían mucho entre sí, no dependiendo solo del momento en el que se encuentre el usuario, sino también influido sustancialmente por la personalidad y el contexto social que le rodea.

El apoyo social es definido por la presencia o ausencia relativa de recursos de apoyo psicológico provenientes de otras personas significativas. En otras palabras, la disponibilidad de ayuda proveniente de otras personas.

Se encuentra ampliamente documentado que quienes cuentan con una red social amplia y son conscientes de este apoyo social tienen un menor índice de abandono de los tratamientos prescritos, sufren menos trastornos psicológicos y mantienen las ganas de vivir y luchar durante más tiempo.

En contraposición, ante una percepción de falta de apoyo social pueden aparecer experiencias, como la ansiedad, la desvalorización y el desarraigo durante la enfermedad, que influyen negativamente en la recuperación de la persona.

Es necesario puntualizar, llegados a este punto, que estos efectos no son los extremos de un continuo, es decir, no se trata de que sufra ansiedad solo quien no cuente con apoyo social, sino que cuantos más sintamos presente la red social menos desarraigados e infravalorados nos sentimos, y con menos ansiedad. Aunque todas estas sensaciones y experiencias pueden vivirse en una misma persona en momentos diferentes.

### 5.1. Ansiedad

La Real Academia de la Lengua Española define la **ansiedad** de la siguiente forma:

1. *Estado de agitación, inquietud o zozobra del ánimo.*
2. *Med. Angustia que suele acompañar a muchas enfermedades, en particular a ciertas neurosis, y que no permite sosiego a los enfermos.*

La ansiedad tiene dos caras: por una parte, es una reacción natural del organismo ante una situación estresante que nos ayuda a afrontarla; por otra, puede incrementar el malestar de la persona si se mantiene en el tiempo.

Es natural que ante una situación nueva y un tanto desagradable se sienta una ansiedad inicial. Esta puede ayudar al paciente a buscar un médico, a aceptar el tratamiento, cambiar malos hábitos, etc. Puede ser muy positiva si el enfermo afronta con optimismo la situación quizás no vuelva a experimentarla.

Sin embargo, si la ansiedad va en aumento, lejos de contribuir a una mejora de la persona, se convierte en algo difícil de tolerar, y deberá ser abordado por profesionales sanitarios.

## 5.2. Desarraigo

El **desarraigo** aparece cuando se cortan los vínculos afectivos de alguien.

Las personas enfermas tienen que enfrentarse a diferentes impedimentos: hospitalizaciones, numerosas citas médicas, reposo, tratamientos que precisan de mucho tiempo (como la diálisis de pacientes con insuficiencia renal), cambios en su dieta, etc. Es común y casi inevitable que sufran un cambio en su rutina.

Por ejemplo, si un enfermo debe darse de baja laboral en su puesto de trabajo durante un tiempo prolongado, a causa de su enfermedad, la relación constante con sus compañeros cambiará. Si nos vemos impedidos físicamente es posible que tengamos que abandonar nuestro deporte favorito o la asociación en la que colaborábamos. Todas estas son algunas de las posibilidades por las que el enfermo puede sentirse desarraigado.

## 5.3. Desvalorización

Por otra parte, la persona enferma puede convertirse en dependiente de otra, debido a su enfermedad. Este hecho puede influir gravemente en la autopercepción de esta, ya que de ser productiva y con muchas responsabilidades pase a considerarse una "carga". A pesar de que los cuidadores pongan todo su esfuerzo en mejorar la vida del enfermo, quizá este último se sienta **desvalorizado,** es decir, como si se le hubiese arrebatado su prestigio, su lugar.

Hoy en día existen multitud de enfermedades que se siguen considerando tabú, puesto que "etiquetan" no solo un trastorno sino a quien lo sufre. No es lo mismo afirmar en nuestra sociedad que se sufre cáncer a sida. Todavía ante la segunda mucha gente reacciona culpabilizando al enfermo y/o rechazándolo. Incluso muchas enfermedades mentales no son entendidas y suponen a quienes la padecen no solo un hándicap como paciente, sino socialmente. Probablemente se sienta desvalorizado.

## 5.4. Depresión

La depresión puede desarrollarse por varias causas, entre ellas se encuentran las experiencias asociadas a un proceso de enfermedad, tanto de la propia persona afectada por la depresión como por las personas allegadas a esta.

La depresión generalmente se manifiesta con una gran sensación de tristeza y vacío, aparece una desesperanza y pérdida de interés por las actividades de la vida cotidiana y dificultad para concentrarse en las tareas que realiza. La persona afectada se sentirá irritable y ansiosa, y a veces aparece un sentimiento de culpa. Se puede ver afectada la memoria y la energía, tener varios, además aparece el insomnio y alteración del apetito, tanto por exceso como por falta de este. Es posible que la persona con depresión tenga pensamientos suicidas, los cuales puede incluso llegar a culminar.

### 5.5. Evitación o distanciamiento

En algunos procesos de enfermedad, los cuidadores potenciales pueden desarrollar una actitud de desarraigo hacia el familiar enfermo, con la premisa de no ser capaces de hacerse cargo de la situación. En este caso, buscarán a terceros para que se encarguen del cuidado de este. En algunas ocasiones, incluso el paciente será apartado de su entorno, siendo institucionalizado y apartado de su residencia y las personas cercanas. No ver el sufrimiento y la evolución de la enfermedad se convierte en un mecanismo de evitación de su padecer.

En estos casos de distanciamiento, incluso puede darse el caso de que los familiares decidan excluir también al enfermo de todo lo que antes era su responsabilidad, como la toma de decisiones económicas y familiares, ya que deciden por su cuenta que la persona enferma no tiene interés o capacidad de manejar dichos recursos, a pesar de que mentalmente esté capacitado para tomar decisiones.

## 6. Principales mecanismos de adaptación psicológicos ante la vivencia de la enfermedad

La Organización Mundial de la Salud (OMS) define lo siguiente:

*La **salud** es un estado de completo bienestar físico, mental y social, y no solamente la ausencia de afecciones o enfermedades.*

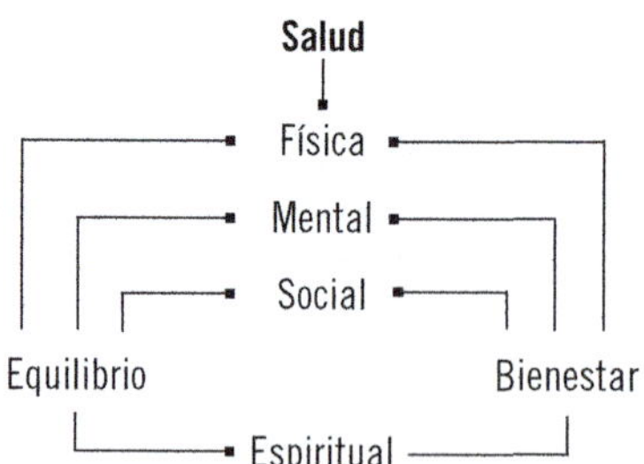

Gracias a esta definición entendemos la importancia del contexto social y el bienestar psicológico de todas las personas, incluidas las que padecen una enfermedad física.

Cada persona experimenta la salud y la enfermedad de manera diferente y el cómo lo hace condiciona el significado que da a tales experiencias.

En general, las personas enfermas actúan de una forma especial frente a su estado, esto se denomina *conducta de enfermedad*. La conducta de enfermedad implica cómo el enfermo define e interpreta sus síntomas, adopta acciones y hace uso del sistema sanitario. Existe una gran variabilidad en la forma en la que las personas reaccionan frente a la enfermedad.

Algunas de las reacciones psicológicas que se manifiestan ante la enfermedad son:

- Superación de la enfermedad, serenidad, deseo de curarse y colaboración.
- Resignación y replanteamiento de la vida si se trata de una enfermedad crónica.
- Reacción de ansiedad.
- Entrega a la enfermedad: desde un punto de vista masoquista (querer vivir el dolor intensamente) o hipocondríaco (buscar más síntomas o enfermedades de las reales).
- Negación de la realidad parcial o totalmente.
- Inculpación: especialmente en aquellas enfermedades relacionadas con hábitos perjudiciales para la salud, como el tabaquismo.
- Optimismo: en el que se ve la enfermedad como un reto a superar.
- Racionalización: se busca el por qué de la enfermedad.
- Algunas personas se vuelcan en su religión.

La enfermedad tiene dos caras, como las que la cultura asiática otorga a la palabra "crisis". En Japón se traduce como "peligro" y como "oportunidad". Dependiendo de la personalidad, la situación particular y las redes sociales de cada paciente, este puede interpretar su situación como un obstáculo que desestabiliza su vida o como una oportunidad para enmendar sus conductas no saludables, así como para cambiar sus prioridades. Muchas personas hablan de que su vida es mucho más feliz y cobra un mayor sentido tras sufrir una enfermedad, puesto que la familia comienza a estar por encima del trabajo, conoce cuáles son los verdaderos amigos, descubre su capacidad para superar sus propios límites, etc.

Por todo ello, el **técnico de transporte sanitario** no debe dar por sentado que un enfermo es una persona triste, porque puede ser muy positiva o viceversa. Es muy importante que el profesional observe tanto la comunicación oral como la no verbal adaptándose a cada usuario y sus familiares en el servicio prestado.

## 7. Resumen

En este capítulo nos hemos centrado en explicar algunos aspectos ampliamente estudiados desde la psicología que favorecen el conocimiento del ser humano que un **técnico de transporte sanitario** debe poseer.

Las personas, a pesar de sus semejanzas, muestran multitud de diferencias que vienen marcadas por:

- La personalidad, fruto de características innatas junto al aprendizaje adquirido durante el paso de los años.
- La etapa evolutiva en la que se encuentre: infancia, edad preescolar, edad escolar, adolescencia, madurez o senectud. Ya que cada etapa cuenta con su propia idiosincrasia.
- Las necesidades que en ese momento estén en situación de satisfacer. Recordemos que Maslow establece una jerarquía: 1) necesidades fisiológicas; 2) necesidades de seguridad; 3) necesidades de filiación o aceptación social; 4) necesidades de reconocimiento o autoestima; y 5) necesidades de autorrealización.
- Los mecanismos de defensa de la personalidad que tiendan a activar.

Finalmente, nos hemos centrado en las personas enfermas, ya que la vivencia de la enfermedad no forma parte del curso natural de la vida y puede experimentarse de diferentes maneras. Algunas de ellas son el desarraigo, la desvalorización y la ansiedad; aunque por otra parte puede desarrollarse una actitud positiva y optimista ante la misma.

## Ejercicios de repaso y autoevaluación

**1. Uno de los autores más importantes cuando se habla de necesidades humanas es:**

a. Piaget
b. Vygotsky
c. Maslow
d. Erikson

**2. "La salud es un estado de completo bienestar físico, mental y social, y no solamente la ausencia de afecciones o enfermedades" es una definición dada por:**

a. La Organización Mundial de la Salud.
b. El Consejo Superior de Sanidad de la Unión Europea.
c. Ramon y Cajal.
d. Todas las opciones son correctas.

**3. Indique cuál es la opción falsa si nos referimos a la Personalidad:**

a. La personalidad es distintiva de cada individuo.
b. La personalidad está influida por las experiencias vitales.
c. Los rasgos de personalidad se mantienen relativamente estables a lo largo del tiempo.
d. Está tan estudiada que todos los autores aceptan la misma teoría de la personalidad.

**4. Si hablamos de una etapa evolutiva en la que se produce un importante desarrollo del autoconcepto y la autoestima nos estamos refiriendo a:**

a. La etapa preescolar (3-6 años).
b. La etapa escolar.
c. La adolescencia.
d. Todas las opciones son incorrectas.

**5. Los mecanismos de defensa de la personalidad pueden ser encuadrados dentro de:**

a. Afrontamiento dirigido al problema.
b. Afrontamiento dirigido a la solución.
c. Afrontamiento dirigido a la emoción.
d. Huída.

**6. En la jerarquía de necesidades de Maslow se engloban las siguientes:**

a. Necesidades fisiológicas, de seguridad, de aceptación social y autorrealización.
b. Necesidades de alimento, casa, trabajo, pareja, amigos y descendencia.
c. Necesidades fisiológicas, de autoestima y de filiación.
d. Las opciones a y c son correctas.

**7. Si llego tarde al trabajo y me justifico diciendo que todos mis compañeros también son impuntuales estoy utilizando:**

a. Proyección.
b. Desplazamiento.
c. Racionalización.
d. Negación.

**8. Una persona que manifiesta una alta ansiedad tras sufrir un accidente:**

a. Es normal dada la situación y posteriormente ese nivel puede decrecer.
b. La ansiedad puede ayudarla a actuar en ese primer momento rápidamente y llamar al servicio de urgencias.
c. Si la situación no cambia y sigue con mucha ansiedad tras un largo periodo de tiempo deberá acudir a un profesional.
d. Todas las opciones son correctas.

**9. El optimismo y una actitud positiva puede considerarse...**

a. ... negar la realidad de padecer una enfermedad.
b. ... un mecanismo de adaptación psicológica ante la vivencia de enfermedad.

c. ... una forma de actuar basada en las creencias religiosas.
d. ... una actitud que dificulta el trabajo de los profesionales sanitarios porque conlleva no tomar el tratamiento prescrito.

**10. ¿Cuál es la opción falsa?**

a. Las necesidades fisiológicas son las primeras que el ser humano cubre.
b. Existen momentos, como un accidente, en los que la necesidad de supervivencia vuelve a cobrar la mayor importancia.
c. Para algunos autores en la necesidad de autorrealización se encuentra el sentido de la vida.
d. Los seres humanos van cubriendo sus necesidades dependiendo de la situación pudiendo comenzar por cualquier escalón de la pirámide de Maslow.

Capítulo 2

# Comunicación y habilidades sociales en el ámbito de las emergencias

# Contenido

1. Introducción
2. Elementos que intervienen en la comunicación
3. Canales comunicativos: auditiva, visual, táctil, olfativo
4. Tipos de comunicación
5. Dificultades de la comunicación
6. Habilidades básicas que mejoran la comunicación interpersonal. El arte de escuchar
7. Habilidades sociales
8. Resumen

## 1. Introducción

Según la Real Academia de la Lengua *comunicar* es "descubrir, manifestar o hacer saber a alguien algo". Sin embargo, cuando hablamos de comunicación no solo nos referimos a ese mostrar información al otro, sino también a que realmente le llegue y entienda lo que le queremos transmitir.

En este capítulo se detallan los elementos que intervienen en el proceso de comunicación, y cómo las variaciones en estos elementos pueden convertirse en barreras de la comunicación, dificultando que el mensaje llegue correctamente.

En una situación de emergencia, una comunicación efectiva es clave para tranquilizar y asistir al usuario, por lo que el **técnico en transporte sanitario** debe dominar el empleo de las principales habilidades sociales.

## 2. Elementos que intervienen en la comunicación

A partir de este momento concebiremos como comunicación:

*La forma de interacción entre dos o más personas, ya sea mediante la palabra hablada o escrita, gestos, ademanes, expresiones emocionales, etc., cuyo resultado es el intercambio de significados que conducen a la comprensión y, en el mejor de los casos, a un acuerdo, a un comportamiento adecuado.*

De esta definición debemos resaltar dos características:

- La comunicación precisa de **interacción.** En la sociedad actual existe multitud de vías por las que acceder a información (televisión, radio, prensa, Internet, redes sociales...), aunque en su gran mayoría funcionan en un solo sentido impidiéndonos una verdadera comunicación. En el ámbito de las emergencias debemos siempre buscar una transmisión lo más fluida posible en ambos sentidos: del sanitario a la víctima y viceversa, sin olvidar familiares y el propio equipo técnico.
- El **intercambio de significados** como parte fundamental. Imaginemos un accidente de tráfico en el que existe un testigo con una discapacidad

auditiva, no sería imprescindible conocer el lenguaje de signos para darle a entender que debe quitarse de la vía por su propia seguridad; sin embargo, el significado no le llegará si solo utilizamos la una comunicación oral, el significado de nuestro mensaje será entendido si usamos una vía accesible para ambos como los gestos.

## Ejemplo

En el año 2010 se produjo un derrumbe en una mina de San José (Chile), dejando atrapados en ella a 33 mineros durante 70 días bajo unos 700 metros de profundidad en Chile. Aunque comenzaron las labores de rescate desde el primer día, no fue hasta el día 17 cuando los mineros pudieron hacer llegar a través de una sonda un mensaje "Estamos bien en el refugio los 33". En ese momento fue cuando se produjo comunicación: existió interacción entre mineros y rescatadores (aún sin poder hablar entre sí), comprendieron el significado y esto les llevó a un comportamiento adecuado; los mineros estaban vivos, debían seguir con la labor de salvamento.

En el proceso de comunicación existen distintos elementos, que a continuación se describen.

**La comunicación**

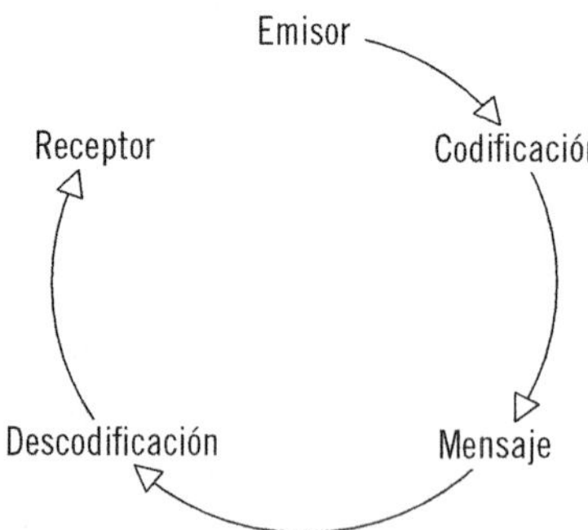

### Emisor

El emisor es el encargado de generar y transmitir el mensaje. Por ejemplo, en un rescate de un herido donde ya ha llegado el equipo sanitario, el médico intenta hablar con este para conocer su estado de consciencia; por tanto, el doctor sería el emisor.

### Receptor

El receptor es el destinatario del mensaje. Para que la comunicación sea eficaz este debe recibir, interpretar y comprender la información. Siguiendo con el supuesto planteado anteriormente, el receptor sería el herido al que el médico preguntaba por su estado. Solo si este está en condiciones de atender y comprender al clínico podrá darse la comunicación, esta no se producirá por ejemplo, si se encontrase en estado de inconsciencia.

### Mensaje

Cuando hablamos de mensaje nos referimos al contenido informativo, a aquello que se dice o se expresa. El mensaje no solo puede ser de contenido verbal, sino que en muchos casos la comunicación se lleva a cabo gracias a un gesto o una expresión emocional. En el ejemplo que estamos utilizando el mensaje sería la pregunta del profesional "¿Cómo se encuentra usted?".

### Codificación y descodificación

Para que todo el proceso comunicativo sea exitoso existen dos elementos que aún sin ser visibles son imprescindibles: la codificación y decodificación del mensaje.

La **codificación** es la organización de las ideas mentales que el emisor desea transmitir al receptor.

La **descodificación** es la comprensión del mensaje, es decir, la interpretación de la información que llega al receptor por parte de un emisor.

Volviendo a la supuesta situación en la que un médico le pregunta a un herido por su estado en el intento de conocer su estado de consciencia, puede darse el caso de que el primero *codifique* su mensaje (ordene mentalmente la idea que quiere transmitir), reproduzca la pregunta y sin embargo, el receptor no sepa *descodificarlo* puesto que habla otro idioma.

### Canal

El canal comunicativo es la vía que se utiliza para transmitir un mensaje, nos detendremos en su explicación en el siguiente apartado de canales de comunicación.

### Barreras en la comunicación

Las barreras en la comunicación merecen ser comentadas puesto que son el motivo por el que en ocasiones no puede llegar a darse una comunicación eficaz aunque todos los elementos estén perfectamente integrados. La barrera que tiene mayor relevancia en las situaciones de emergencia es el ruido.

### *Feedback*

El *feedback* o retroalimentación es la respuesta del receptor al emisor, es decir, sería el momento en el que quien ha recibido información la transmite y viceversa. Gracias al *feedback* podemos conocer con seguridad que la comunicación ha sido un éxito.

## Aplicación práctica

**Una persona llama por teléfono al 061 para informar de que cree que a su padre le está dando un infarto. Identifique en esta situación dada los elementos de la comunicación:**

- **Emisor**
- **Receptor**
- **Mensaje**

Continúa en página siguiente >>

<< Viene de página anterior

- **Canal**
- ***Feedback***
- **Codificación y descodificación**
- **Barreras de la comunicación**

**SOLUCIÓN**

- Emisor: el hijo del enfermo.
- Receptor: el teleoperador del 061.
- Mensaje: mensaje del emisor, que sería algo parecido a lo siguiente "Creo que mi padre está sufriendo un ataque al corazón".
- Canal: vía oral, en este caso utilizando un teléfono.
- *Feedback:* respuesta del teleoperador del 061, que podría ser algo parecido a lo siguiente: "Tras recoger todos los datos, ya sale un equipo completo hacia su domicilio".
- Codificación y decodificación: tanto el emisor como el receptor hablan el mismo idioma y han decodificado bien la información transmitida.
- Barrera de la comunicación: en esta situación es muy posible que puedan producirse barreras en la comunicación debidas al nerviosismo del emisor, interfiriendo en la claridad y rapidez de la comunicación.

---

## 3. Canales comunicativos: auditiva, visual, táctil, olfativo

Los canales comunicativos son el soporte físico de la comunicación. Se corresponden con los cinco sentidos: vista, olfato, gusto, tacto y oído. A continuación se desarrollan cada uno de ellos.

### 3.1. La vista

La vista nos proporciona la información sobre todo lo que nos rodea, enseñándonos el color, la forma, el tamaño, la distancia a la que se encuentran los objetos y el movimiento; ayudándonos a identificar lo que tenemos dentro de nuestro alcance visual.

El campo visual es lo que tenemos justo en el centro de nuestra línea de visión, pero gracias a la gran velocidad de nuestra vista, formamos un *collage* de imágenes que forman una imagen completa. Es decir, nuestra visión es como la reproducción de una película, nuestros ojos mandan imágenes distintas a gran velocidad que nos dan la sensación de continuidad. Cada imagen es como un fotograma de la "película" que nos rodea.

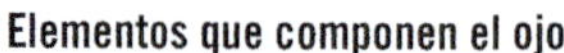

**Elementos que componen el ojo**

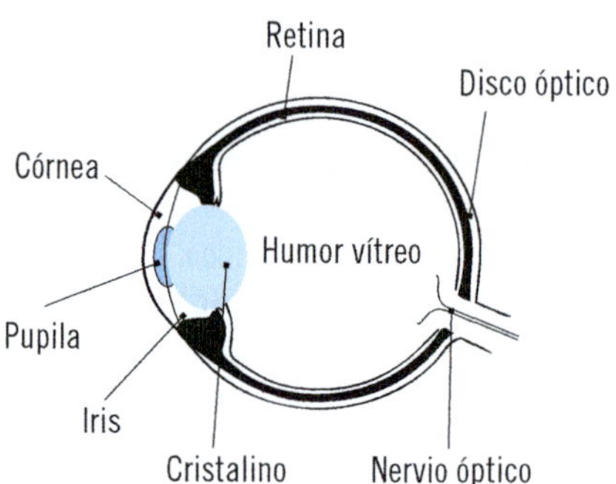


El órgano encargado de la visión es el ojo, cuyo funcionamiento (tal y como se ha descrito antes) es parecido a una cámara fotográfica aunque a mucha mayor velocidad.

El ojo está dividido en las siguientes partes:

- **Iris:** es la membrana circular y coloreada del ojo que separa la cámara anterior de la posterior del ojo.
- **Pupila:** es un orificio situado en la parte central del iris que regula la entrada de luz al interior del ojo. La pupila se contrae o dilata según la cantidad de luz requerida en la retina.
- **Córnea:** es la estructura que protege el iris y al cristalino. Tiene una forma hemisférica, y transparente que permite pasar la luz. Además posee propiedades ópticas de refracción.
- **Cristalino:** es una lente biconvexa situada detrás del iris, que nos permite enfocar las imágenes que percibimos ayudando a la cornea a crear las imágenes en la retina.
- **Esclerótica:** es la "parte blanca" del ojo, formada por una membrana rica en fibras de colágeno, gruesa y resistente, la cual protege todas las demás partes del ojo.

- **Retina:** es un tejido sensible a la luz situado en la superficie del ojo, el cual refleja las imágenes similar a una pantalla de cine y transforma dichas imágenes en impulsos nerviosos que son enviados al cerebro por el nervio óptico.
- **Nervio óptico:** es el encargado de enviar los impulsos de la retina a nuestro cerebro.
- **Párpado:** es la membrana de piel que se abre y cierra cubriendo y protegiendo el ojo.

Por otra parte, en el ojo se encuentran dos tipos de células: los conos y los bastones.

- Los **conos** son células que se encuentran en la retina, captan la luz ya que son especialmente sensibles a ella.
- Los **bastones** son células fotorreceptoras que se encuentran en la retina, las cuales son las responsables de la visión con baja luminosidad.

Este canal comunicativo permite que se produzca comunicación escrita y/o gestual, haciendo posible que, a través de documentos escritos o documentos gráficos, se transmita un mensaje. También a través de gestos puede transmitirse un mensaje, siempre que el emisor y el receptor conozcan el mismo código.

**Sabía que...**

El lenguaje de signos no es univesal. Al igual que las lenguas orales no son universales, ya que cada país dependiendo de su historia tiene una lengua propia, las lenguas de signos son diferentes dependiendo del lugar donde se usen.

### 3.2. El oído

El oído es el sentido que nos permite oír los sonidos que nos rodean. Los sonidos se propagan gracias a ondas, la audición realmente capta estas ondas sonoras y posteriormente en el cerebro se combinan dotándoles de sentido. La captación del sonido comienza por las orejas tras entrar al interior del oído choca con el tímpano, haciéndolo vibrar. Dichas vibraciones hacen oscilar la cadena de huesecillos del oído medio (martillo, estribo y yunque), posteriormente se transmiten estas vibraciones al caracol. En el caracol, las ondas sonoras mueven los cilios de las células nerviosas del órgano de corti que estimulan las terminaciones nerviosas del nervio auditivo.

A continuación se explican los diferentes elementos que participan en la audición:

- **Oreja:** es la parte externa del oído, y la única que podemos ver, la cual esta formada por piel y una estructura cartilaginosa.
- **Conducto auditivo externo:** es una cavidad del oído que conduce las ondas sonoras desde la oreja hasta el tímpano.
- **Tímpano:** es una membrana elástica, semitransparente y un poco cónica que une el oído externo con el oído interno.
- **Yunque, martillo y estribo:** son tres huesecillos unidos entre sí, que conducen las ondas sonoras desde el tímpano hasta el caracol.
- **Caracol:** es una estructura de tubos enrollada en espiral situada en el oído interno.

**Elementos que participan en la audición**

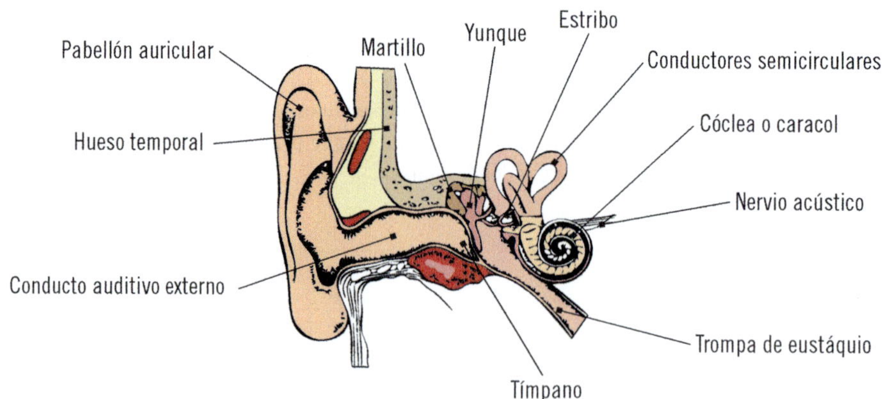

### 3.3. El tacto

El tacto es el sentido que nos permite conocer las cualidades de los objetos y medios como la presión, la temperatura, aspereza, dureza, etc. El órgano del tacto es la piel, en el se encuentran numerosos tipos de receptores nerviosos que reciben la información y la envían al cerebro.

Este órgano es en el que se apoya el lenguaje braille, cuyo sistema sustituye el alfabeto por puntos y guiones marcados en relieve sobre una superficie de papel grueso.

**Sabía que...**

Louis Braille (1809-1852), ciego desde los tres años, inventó el lenguaje braille cuando contaba con tan solo quince años.

El alfabeto manual o alfabeto dactilológico es un sistema de comunicación utilizado por el colectivo de personas sordociegas. Es muy parecido al lenguaje de sordos, aunque con la diferencia fundamental de realizar los movimientos sobre la palma de la mano del emisor.

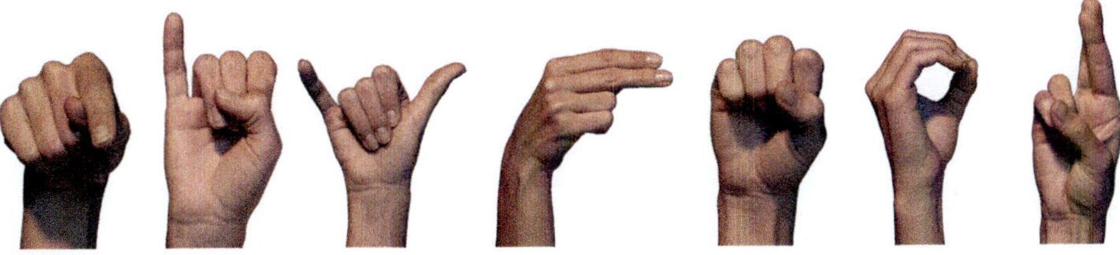

*Uso del lenguaje dactilológico.*

## 3.4. El olfato

El olfato es el sentido encargado de captar los olores. El lugar en el que se produce es la nariz, específicamente en el epitelio olfatorio, donde sus quimiorreceptores captan las partículas aromáticas. Los compuestos químicos son sustancias que se encuentran en el aire, estas moléculas llegan a la mucosa olfativa que cuenta con tres tipos de células sensoriales: las células olfativas sensoriales, las células de sostén y las células basales. Estas se encuentran en los cilios, que son pequeños filamentos sensoriales, donde se transforman las moléculas químicas en impulsos eléctricos siendo posteriormente enviados al cerebro.

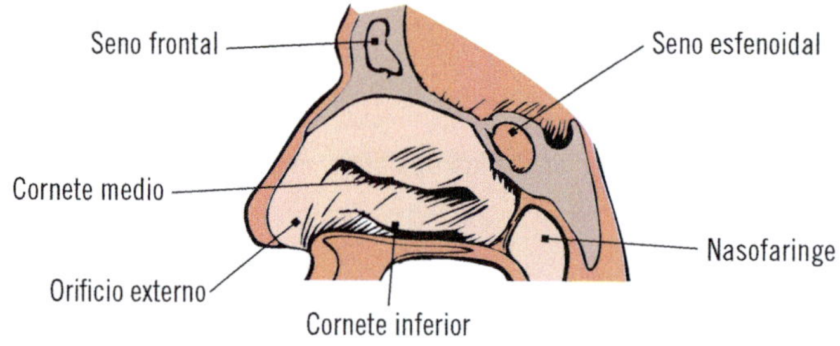

Sabía que...

La nariz humana es capaz de distinguir más de 10.000 olores diferentes.

## 3.5. El gusto

El gusto es el sentido encargado de captar el sabor, gracias a él podemos disfrutar de una agradable comida, ello se produce debido a la disolución de los alimentos en la saliva. Aunque dura todo el recorrido por nuestro sistema digestivo la comida se disolverá aún más, en este primer momento la lengua ya puede detectar elementos químicos que nos permite paladear los distintos sabores.

Este sentido se complementa mucho con el olfato, por ello cuando estamos resfriados todos lo alimentos nos saben insípidos.

El sabor es captado por las papilas gustativas que se encuentran situadas en la lengua. La lengua es un órgano, situado en la boca, con forma de cono la cual es el músculo más fuerte del cuerpo, en comparación tamaño-fuerza. Por otra parte, las papilas gustativas son un conjunto de receptores gustativos situados en la lengua y son los principales receptores del gusto.

Sabía que...

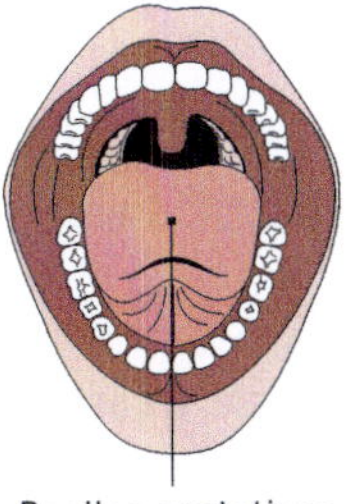

Papilas gustativas

Dependiendo del lugar en el que se encuentran ubicadas las papilas gustativas detectan mejor unos sabores u otros.

Además, se conocen cinco sabores: dulce, salado, amargo, ácido, y umami (sabor sabroso).

## 4. Tipos de comunicación

Una vez se conocen cuáles son los distintos elementos integrados en la comunicación, pueden distinguirse los tipos de comunicación. Estos son: **comunicación verbal y no verbal.**

Para visualizar la diferencia entre los dos tipos piense en el siguiente ejemplo: un hijo y su padre mantienen una conversación el día de la entrega de las notas del pequeño. El progenitor felicita a su hijo con la siguiente frase *"Felicidades, estarás contento".* Si solo se atiende al mensaje verbal se entenderá que el chico ha obtenido un buen resultado. Sin embargo, el mensaje varía enormemente si el padre mantiene una gran sonrisa mientras habla o si mantiene un semblante serio. En este último caso, puede pensarse que el padre está usando la ironía para dirigirse a su hijo y mostrar su enfado.

Con este ejemplo, podemos observar que ante la misma información la comunicación no verbal puede variar completamente el mensaje que se transmite.

## 4.1. Lenguaje verbal

El lenguaje es una facultad innata del ser humano y se manifiesta en el conocimiento que realizamos desde pequeños de forma natural de una o varias lenguas. Como vemos, no es lo mismo hablar de lengua que de lenguaje.

Definición

**Lenguaje**
Es la facultad de que disponemos las personas para comunicarnos utilizando signos.

**Lengua**
Es el idioma concreto que comparte una comunidad de hablantes. Por ejemplo, el castellano es una lengua.

Los sistemas comunicativos utilizan signos, estos pueden ser gráficos (como las señales de tráfico), gestuales (como en el lenguaje de los sordomudos) o signos lingüísticos (como los que forman las lenguas).

Definición

**Signo**
El signo es una entidad con significante y significado.

El significante es la imagen que tenemos en nuestra mente de una cadena de sonidos determinada, por ejemplo, c-o-c-h-e.

Continúa en página siguiente >>

<< Viene de página anterior

El significado es el concepto o la imagen que asociamos a un significante. Así alguien que comprenda el castellano relacionará "coche" con una vehiculo a motor que sirve para transportar personas.

---

Para que un mensaje cobre sentido debe relacionar distintos signos de una forma eficaz que los receptores de este comprendan. En la construcción de los mensajes se debe atender a un código.

### Definición

**Código**
El código está formado por un conjunto de signos y por las reglas que permiten formar los signos y combinarlos entre sí para construir mensajes.

---

Por tanto, en el lenguaje verbal hay que respetar el código en el que se enmarca la lengua que se está utilizando. Por ejemplo, no tendría sentido un discurso que se realizara con palabras inglesas pero atendiendo a las normas de construcción de frases del alemán, puesto que los receptores no captarían el mensaje y la comunicación sería ineficaz.

### Importante

El lenguaje verbal puede manifestarse, no solo de forma oral, sino también escrita.

---

El **Técnico de transporte sanitario** trabaja especialmente de forma oral, tanto con los profesionales que le rodean como con los usuarios. Esta expresión se torna más espontánea que cuando se tiene tiempo para pensar y escribir el mensaje a transmitir. Sin embargo, aun siendo más natural, el lenguaje oral debe ser cuidado y correcto, ya que es la vía que nos une con los demás facilitando o dificultando nuestra tarea.

## 4.2. Lenguaje no verbal

El lenguaje no verbal o comunicación no verbal representa la información que se intercambia entre personas sin una estructura sintáctica verbal, es decir, todo lo que decimos sin hablar.

Es imposible no comunicar, puesto que incluso cuando no abres la boca ese mismo hecho ya delata una situación particular que junto a la expresión facial, la postura y la mirada querrá indicar tristeza, cansancio, indignación o enojo, pero transmite una información al interlocutor.

Cuando nos citan para una entrevista de trabajo cuidamos cómo vamos vestidos, cómo nos sentamos, procuramos mirar al entrevistador, sonreír, colocar nuestras manos de forma que no delaten nuestro nerviosismo... Todo ello ocurre porque somos conscientes de que comunicamos no solo con nuestra voz, sino con todo nuestro cuerpo.

Un **Técnico de transporte sanitario** debe saber reconocer ciertos signos, tales como miradas, gestos..., que le permitirán obtener información que el usuario no verbaliza, pero sí transmite.

En la comunicación no verbal debemos reconocer diferentes tipos que se reflejan en el siguiente esquema:

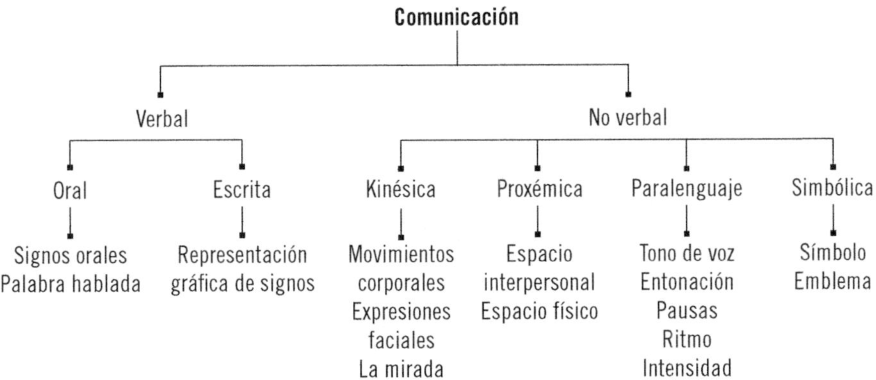


Esta inestimable fuente de información es bidireccional, lógicamente. Si bien nos proporciona información de nuestro interlocutor también facilita información de nosotros, de nuestro estado de ánimo, de nuestro pensamiento... al receptor. Por tanto, un **Técnico en transporte sanitario** debe cuidar su lenguaje no verbal, para evitar transmitir una información que no queremos expresar.

En concreto, para el tema que nos ocupa, Feixas y Miró (1995) establecieron una lista de las habilidades no verbales que los profesionales sanitarios deben cuidar en una situación de crisis:

HABILIDADES NO VERBALES DE COMUNICACIÓN

- *Acercarse.*
- *Sentarse cerca sin ningún objeto en medio.*
- *El cuerpo completamente de frente o inclinado hacia delante.*
- *Brazos y manos que gesticulan.*
- *Piernas y pies en una postura relajada y cómoda.*
- *Contacto ocular.*

Por otro lado, lo que no es aconsejable hacer es:

- *Cruzar y descruzar las piernas repetidamente.*
- *Taconear.*
- *Cambiar la orientación del cuerpo en ángulo, no mirando de frente o repanchingarse en el asiento.*

- *Hablar en un susurro inaudible o de forma muy rápida, muy lenta o espasmódicamente.*
- *Brazos cruzados sobre el pecho todo el rato.*
- *Aferrarse a un objeto.*
- *Abrir la boca sin hablar.*
- *Llevar gafas de sol mientras hablamos.*
- *Mirar de reojo.*

## 5. Dificultades de la comunicación

Tras conocer el proceso de comunicación y sus elementos, es fácil pensar que pueden existir multitud de dificultades que compliquen o incluso impidan que esta se produzca.

Es posible que el mismo medio en el que se origina la comunicación la entorpezca. En ocasiones una cantidad de ruido desmesurado impide que dos personas se entiendan, imaginemos que quisiésemos mantener una conversación con nuestro mejor amigo, probablemente no escogiésemos una discoteca para ello, ya que la música alta no nos permitiría mantener un debate fluido. Así mismo, cuando dos personas discuten y comienzan a subir el tono de voz consiguen el efecto contrario, no se escuchan mejor si no que acaban por no entenderse.

En las situaciones de crisis en las que un técnico de transporte sanitario es solicitado existe la posibilidad de que la situación no ayude a la comunicación entre paciente y profesional, o entre los propios profesionales. Por ejemplo, en un accidente de tráfico donde se hayan congregado los distintos cuerpos de seguridad y distintos vehículos es bastante probable que, además del estado de confusión y agitación emocional, exista mucho ruido.

Además pueden existir factores externos que pueden complicar la comunicación, la mayor dificultad que puede existir sin duda es la falta de entendimiento entre emisor y receptor. No debemos olvidar que independientemente de lo que el primero quiera transmitir, realmente el mensaje comunicado es aquel que llega al receptor, y en este sentido entran en juego también sus percepciones y expectativas. De ahí la importancia de la retroalimentación, puesto que solo a través de ella el emisor podrá conocer si su mensaje llegó o no a su interlocutor tal y como deseaba.

Los profesionales sanitarios deben practicar sus habilidades sociales, ya que deberán comunicarse con diferentes personas en distintas situaciones. Los pacientes pueden tener actitudes previas negativas que compliquen la situación, o simplemente encontrarse en un estado de agitación emocional interfiriendo en el trabajo de los cuerpos de seguridad y los sanitarios.

La **empatía** es la capacidad de ponerse en el lugar del otro, esta nos permite tanto reconocer los pensamientos como las emociones que los demás están vivenciando. La empatía es la habilidad básica para una comunicación eficaz.

En conclusión, las dificultades de la comunicación se deben a:

- Interferencias: ruido, contexto...
- Actitudes inadecuadas hacia el emisor, el mensaje o hacia sí mismo.
- Dificultades en la retroalimentación o *feedback*.
- Deficiente empatía.

## 5.1. Mensajes que dificultan la comunicación

Parte del secreto del éxito de la atención sanitaria en situación de crisis radica en una comunicación fluida y eficaz entre todos los intervinientes (profesionales sanitarios, cuerpos de seguridad, pacientes, testigos, etc.). Por ello es de suma importancia cuidar los mensajes que se transmiten, tanto el qué se dice como la forma en que se hace.

Se debe tener una atención especial a los siguientes errores comunicativos, ya que son algunos de los más habituales:

- No adaptar el código al receptor. Es muy frecuente que utilicen terminología técnica con los pacientes, si queremos que realmente la información sea entendida y sirva para tranquilizarlos debemos usar palabras que puedan entender o explicar los tecnicismos.

- No adecuar el mensaje a las características del receptor como edad o nivel cultural. No comprenderá igual un niño, un discapacitado psíquico, una persona mayor con dificultades auditivas o un joven estudiante. Resulta importante tener en cuenta la idiosincrasia de nuestro interlocutor.
- Compartir mensajes incompletos o inexactos. Con ellos estaremos interfiriendo en la comunicación fluida que se pretende alcanzar.
- Dar información que desconocemos. En ocasiones se intenta calmar a los afectados o familiares aportando información de la que no estamos seguros, ello puede volverse en nuestra contra. No debemos olvidar que necesitaremos la colaboración de todos los intervinientes para actuar rápidamente y facilitar el bienestar físico y psicológico de los afectados. Para ello los sanitarios buscan la confianza del paciente, confianza que puede mermarse si no se cuida. Siempre es mejor pedir tranquilidad y paciencia antes que responder sin saber.
- Comunicar verbalmente algo que se desmiente por nuestra comunicación no verbal. Recordemos que nuestro cuerpo habla antes por nosotros que nosotros mismos.
- Olvidar la retroalimentación del receptor. Si desconocemos que le llega a él no sabremos si ha captado lo que deseábamos u otro mensaje.

## 6. Habilidades básicas que mejoran la comunicación interpersonal. El arte de escuchar

La comunicación es un proceso natural del ser humano, incluso nos autoconsideramos seres sociales. Pero aun siendo un acto que realizamos a diario y, en la mayoría de los casos, no le demos importancia; todos conocemos a una o varias personas que se caracterizan por ser grandes comunicadores.

Como hemos visto en epígrafes anteriores la comunicación no tiene un único protagonista (el emisor), sino que su coprotagonista (el receptor) tiene tanta o más relevancia que el primero. Su interés se debe principalmente a que un mensaje no sería tal si no llegase a ningún sitio, piense en un libro que se queda guardado en un cajón sin que nadie lo leyese nunca.

"Escuchar es mucho más que oír", en muchas ocasiones cuesta guardar el silencio necesario para llegar a comprender lo que el otro trata de decirnos, de expresarnos con todo su cuerpo. Por ello este es un arte que los profesionales de ayuda deben entrenar. Si te estás preguntando cómo se puede practicar la escucha, piensa qué harías si quisieses poner a punto tu cuerpo, probablemente acudieses a un gimnasio o realizarías ejercicio en la calle o en casa. Si quieres poner a punto tu capacidad de escucha practica esta habilidad con los que te rodean.

Además de desarrollar la escucha activa (ver próximos epígrafes de este capítulo) para prestar un buen apoyo los profesionales deben poseer y/o entrenar las siguientes **habilidades:**

- **Autocontrol.** Piensa que durante la situación de crisis serás como un ejemplo a seguir, si los afectados observan una persona que no maneja la situación ellos estarán aun más nerviosos.
- **Capacidad de adaptación a nuevas situaciones.** Cada lugar donde se interviene es diferente del anterior, aunque guarde ciertas semejanzas, e incluso el equipo de compañeros también varía. Por todo ello es imprescindible que sepamos adaptarnos rápidamente a cada contexto.
- **Dominio propio y de la situación.**
- **Seguridad en sí mismo y en lo que hace.** Nos hemos preparado para nuestro trabajo, así que debemos estar seguros de nuestra actuación. Sin embargo, es importante preguntar a otros compañeros si no se está seguro de algo.

## 7. Habilidades sociales

Gracias a la psicología y sus profesionales las habilidades sociales reciben actualmente el interés que se merecen.

En todos los ámbitos en los que el trabajo a realizar está relacionado con personas, como el sanitario, las habilidades sociales favorecen tanto la labor a desarrollar por los profesionales como el trato final que reciben los usuarios. En el caso del **Técnico en transporte sanitario** existen algunas habilidades que cobran una especial importancia, como la escucha activa y la asertividad. En los siguientes puntos se desarrollan estas y otras que se consideran relevantes en las funciones a desempeñar.

## 7.1. Escucha activa

Se define la **escucha activo** como:

*El esfuerzo de atención que realizamos al escuchar, tratando de comprender el contenido del mensaje que emite la persona, pero también su estado emocional y por tanto el contexto desde el que se está comunicando.*

Según Alemany (1998, *El difícil arte de escuchar: un arte complejo*) escuchar es "...un proceso mucho más complejo que la simple pasividad que asociamos al ´dejar de hablar´".

Para comprender este concepto resulta muy práctico acudir a la cultura popular que nos enseña que "escuchar no es lo mismo que oír". El primero hace referencia a esa atención dirigida a comprender al otro desde una actitud activa. El segundo, solo implica que gracias al sentido del oído los sonidos llegan a nosotros, sin realizar ningún esfuerzo en entender al otro.

La escucha activa podría describirse como la expresión práctica de la empatía.

Según establecieron Costas y López (1991), las claves para una adecuada escucha activa son:

- *No acudir con juicio previo o predisposiciones.*
- *Observar lo que se dice y cómo lo dice.*
- *Asumir una postura activa.*
- *Mantener contacto visual.*
- *Realizar gestos que indiquen que se está escuchando.*
- *Tomar notas, si procede.*
- *Producir indicadores verbales para el que habla ("ya", "lo entiendo").*
- *Resistir las distracciones externas (ruidos, llamadas de teléfono, etc.) e internas (preocupaciones, pensar en lo que voy a contestar, etc.).*
- *No interrumpir al que habla.*

- *No rechazar lo que la otra persona siente.*
- *No acudir con "soluciones" preestablecidas.*

Para realizar una correcta escucha activa el receptor debe transmitirle al emisor que el mensaje le está llegando ofreciéndole *feedback.* Para ello se puede ofrecer frases del tipo "lo entiendo". También resulta muy útil sintetizar la información recibida en una frase o dos, de esta forma además el emisor podrá corregirnos si no se ha captado correctamente el mensaje. Por otra parte, resulta muy útil solicitar aclaraciones cuando no se haya entendido algo.

No se debe olvidar que la escucha activa se centra no solo en lo que se oye, sino en la información que el emisor transmite al receptor en general. Es decir, se debe atender el lenguaje no verbal ya que este muestra el contenido emocional generalmente mejor que la información oral. Visualice a su pareja diciéndole que no le pasa nada, pero encontrándose agitado, sin parar, con la vista perdida; usted entenderá rápidamente si lleva la escucha activa a la práctica que sí le sucede aunque necesite un poco de serenidad y comprensión para sincerarse. Si, por el contrario, solo oye lo que su compañero le dice probablemente todo acabe en una pelea de pareja.

### 7.2. Negociación

El término negociación parece que nos remita al mundo empresarial, al ámbito de los negocios. Sin embargo, para que se dé negociación solo es necesario una discrepancia entre dos o mas partes en las cuales exista interés en llegar a un entendimiento, un punto de encuentro en el que ambos ganen, es decir, cualquier aspecto de las relaciones humanas puede dar lugar a la negociación.

Las características de la negociación son:

- El acuerdo al que se llega debe ser sensato contemplando los intereses de todas las partes involucradas.
- Debe favorecer una adecuada relación entre los negociadores, de tal forma que sean posibles futuros acuerdos.

- Puede llegar a un punto de equilibrio, de forma que ambos ganen. Aun siendo perjudicados en alguno de los puntos, el balance final debe ser positivo para todos.
- Que perdure el tiempo necesario.
- Sin perjudicar a terceros con el consenso al que se llegue.

Imaginemos el traslado de un menor al que quieren acompañarlo varios familiares, si el Técnico de transporte responde de una forma agresiva respaldándose en que la normativa no lo permite, probablemente desencadene en una situación conflictiva. Por ello, aunque no sea posible lo que la familia desea, ya que el equipo sanitario necesita disponer de espacio en el vehículo para atender al paciente, resulta conveniente utilizar la negociación. Se puede, por ejemplo, llegar al acuerdo de que un solo familiar acompañe al pequeño mientras que a los demás se les facilita el teléfono de contacto con el hospital, e incluso se les comenta la posibilidad de llamar a un taxi explicándoles que esto es lo mejor para todos, especialmente para el usuario que necesita un traslado rápido y de calidad. Utilizando la negociación evitaremos el conflicto e incluso la posible colaboración de la familia, evitando que esta pueda encararse con el equipo sanitario.

Un negociador eficiente manifiesta las siguientes características:

- Empático.
- Genera confianza creando un clima positivo.
- Conoce el tema.
- Busca el compromiso de los demás.
- Desea resolver el problema con un balance positivo para todas las partes.
- Flexible.
- Escucha activamente.
- Realiza preguntas acertadas buscando conocer los intereses y las demandas del otro.
- Creativo.

La última característica mencionada, la creatividad, es de vital importancia. Al principio de cada negociación los intervinientes tienen una idea de lo que pretenden conseguir, si nos encapsulamos en ello sin abrir la mente a nuevas posibilidades probablemente no se llegue a consenso. Sin embargo, utilizando la creatividad pueden darse nuevas fórmulas que integren los intereses de todos los intervinientes, o al menos, les sean favorables de tal forma que la negociación llegue a buen puerto. Por ejemplo, un grupo de amigos decide irse de viaje, unos quieren visitar ciudades y otros desean sol y fiesta. Podrían separarse e irse a dos destinos diferentes. Sin embargo, tras negociarlo, eligen tomar un crucero donde unos podrán conocer las ciudades en las que atraque el barco dándoles a los otros la opción de tener unas vacaciones relajadas disfrutando en el barco de los servicios que dispone como discoteca y piscina.

### 7.3. Asertividad. Principiales respuestas asertivas

En palabras de Julián Melgosa:

> *La **asertividad** consiste en la expresión de nuestros sentimientos de manera abierta, sincera y espontánea, sin herir la sensibilidad de otra persona.*

Como ya hemos visto anteriormente, las relaciones interpersonales y, por tanto, la comunicación forman parte imprescindible de nuestra vida. El cómo se lleve a cabo puede favorecernos o dificultarnos el trabajo, la vida familiar o el ir simplemente a tomar algo a un bar.

Imagine, por ejemplo, que le solicitamos a un camarero un café con leche y edulcorante. Este nos lo trae, sin embargo, un café solo y con azúcar. Tendremos ante nosotros tres opciones:

1. No decir nada y ponerle mala cara al camarero que no entenderá nuestra actitud;
2. ser descortés y gritarle que eso no fue lo que pedimos con lo que él siente vergüenza ante su jefe y se crea un clima de tensión;
3. amablemente mostrarle su error y solicitarle que nos cambie el café, ante lo que él podrá enmendarlo y todos quedaremos contentos.

En la anterior situación hemos contemplado tres posibilidades: pasiva, agresiva o asertiva. Son estas precisamente las que tenemos a nuestra disposición para comunicarnos con los demás.

### Conducta pasiva

La conducta pasiva se caracteriza por lo que en francés se denomina *laissez-faire,* es decir, dejar hacer. La persona que toma esta opción no expresa abiertamente sus pensamientos, emociones y opiniones con lo que permite que los demás impongan los suyos. Podríamos decir que ni él mismo respeta lo que desea y necesita al no transmitírselo a los demás.

El pasivo se reconoce en la persona que continuamente evita el conflicto aunque para ello siempre tenga que acatar lo que los otros quieran. No suelen negarse a nada. Por todo ello se sienten incomprendidos ya que esperan que sean los otros los que reconozcan sus deseos sin la necesidad de expresarlos. Finalmente, suelen estallar de una forma agresiva.

### Conducta agresiva

La persona agresiva sí expresa sus emociones, pensamientos y opiniones aunque de una forma inapropiada e impositiva llegando a pasar por encima de los derechos de los demás. Para ello intentan manifestar mayor poder que los otros llegando a humillarlos, de tal forma que al sentirse débiles acepten lo que el agresivo solicita.

La conducta agresiva puede manifestarse verbalmente o no. En el caso del camarero al gritarle se manifiesta una actitud verbal agresiva. Esta engloba además insultos, amenazas y comentarios hostiles. Por otra parte, de forma indirecta esta conducta se expresa por medio de gestos, miradas amenazantes e, incluso, agresiones físicas.

### Conducta asertiva

La persona asertiva muestra sus emociones, sentimientos, opiniones y pensamientos de forma abierta respetando a los demás, sin imposiciones. Además se hace cargo de las consecuencias que esta puede ocasionarle ya que actúa acorde a sus propias necesidades mostrando respeto hacia los otros y hacia sí mismo.

Uno de los mejores ejemplos de una conducta asertiva es la capacidad para decir NO. Existen personas incapaces de decir no ante una solicitud de alguien importante por las posibles consecuencias (enfados, amenazas, reprobación social, etc.) que pueda ocasionarle. Imagine que su hermano le pide ir de compras la tarde justo antes de un examen importante. Usted necesita decirle que no porque ese tiempo es vital en la preparación de su prueba, pero decide acompañarlo para que no se enfade. Sin embargo, las consecuencias son negativas ya que termina suspendiendo su examen. Si hubiese actuado de forma asertiva le habría dicho que no amablemente, explicándole la situación y podría incluso ofrecerse a acompañarlo en otro momento. De esta manera, se habría expresado, habría respetado a su hermano y a sus propias necesidades. Las consecuencias serían un aprobado y otra tarde tranquila de compras con su hermano.

Pueden definirse como estrategias para hacer más eficaces las respuestas asertivas:

- Mantener una buena autoestima y concepto de sí mismo. Debemos querernos y consideraos tan importantes como los demás para buscar satisfacer nuestras necesidades.
- Pensar lo que vamos a decir. Los mensajes deben ser en primera persona y con un cariz positivo.
- La conducta no verbal también es importante, debemos mantener un contacto ocular directo, el habla fluida, los gestos firmes y sin vacilaciones, la postura recta (ni hundida ni intimidatoria) y las manos sueltas.
- Hablar con calma y siendo educado. No debemos perder de vista que nuestro punto de vista es solo uno y que los demás tienen el suyo, sobre el que no deseamos pasar por encima.
- Disculparnos cuando sea necesario. Es decir, es importante hacerlo cuando lo hicimos mal, pero también lo es no abusar y pedir disculpas por todo, inclusive por expresarnos.
- No arrinconar a los demás.
- Nunca recurrir a las amenazas.
- Aceptar la derrota cuando sea necesario, aunque a nadie le guste perder, las consecuencias pueden ser más negativas si buscamos o creamos un conflicto en vez de aceptar elegantemente nuestra pérdida.
- Aprender a decir que no.

## Aplicación práctica

**Usted desarrolla su labor profesional como técnico en transporte sanitario. Una vez ha finalizado su turno y ya se ha incorporado el personal de relevo, le avisan para realizar un traslado rutinario, no urgente. El tiempo estimado para poder realizarlo es de 2 horas. Si acepta realizarlo, el resto de sus compañeros de turno también tendrán que realizarlo con usted.**

**Formule su posible respuesta, según se adopte una conducta pasiva, agresiva o asertiva, e identifique los sentimientos que de ellas pueden desprenderse.**

### SOLUCIÓN

Las tres posibles respuestas serán aproximadamente las siguientes:

- **Respuesta pasiva:** su intención es rechazar la propuesta, pero ante la dificultad por oponerse, asiente y comunica que realizarán el traslado. Esta respuesta generará sentimientos negativos en usted, ya que se siente mal por no haber podido negarse. Además, el hecho de que sus compañeros también tengan que realizarlo con usted generará sentimientos negativos hacia usted.
- **Respuesta agresiva:** de forma aireada y agresiva podría verbalizarse algo similar a lo siguiente: "Ni hablar, ¡qué os habéis creído! ¡Yo no soy ningún esclavo al que podáis poner a trabajar cuando queráis! Así que ahí os quedáis con el marrón que yo me voy a mi casa". Es bastante probable que se cree un clima tenso. Los compañeros probablemente no compartirán las formas usadas y usted probablemente también se sienta mal consigo mismo, por no haber sido capaz de expresarse correctamente.
- **Respuesta asertiva:** usted no cree que deba realizar ese traslado y está dispuesto a expresarlo de una forma parecida a la siguiente: "Entiendo lo que me pides, pero mi turno y el de mis compañeros ya ha finalizado. Espero que comprendas que no puedo comprometerme en su nombre. Por otra parte, el siguiente equipo ya está aquí, por lo que creo que deberían hacerlo ellos. Este caso puede esperar un poco al no tratarse de una urgencia". Con esta respuesta estamos expresando lo que opinamos, negándonos al servicio, pero sin increpar a nadie y mostrando respeto hacia todos. Los sentimientos del receptor del mensaje, de los compañeros y del emisor serán satisfactorios.

## 7.4. Técnicas de comunicación y relación grupal

Según Feixas y Miró (1995) en situaciones de crisis los profesionales sanitarios deben cuidar especialmente en el lenguaje verbal los siguientes aspectos:

*TÉCNICAS DE COMUNICACIÓN VERBAL*

*ESCUCHA ACTIVA: Observar lo que dice y cómo lo dice. Asumir una postura activa. Mantener contacto visual. Producir indicadores verbales y no verbales de que se está escuchando. No interrumpir. No rechazar. Resistir distracciones internas. Hay que evitar en la comunicación no verbal cruzar los brazos, no mirar, echar el cuerpo hacia atrás, cruzar las piernas en dirección opuesta al interlocutor, estar a 45º respecto al que habla, etc.*

*EMPATIZAR: Observar su expresión facial y el lenguaje usado. Mantener el contacto ocular y decir: "Entiendo lo que dices, lo que sientes...", "noto que...".*

*RESUMIR: Sirve para demostrar que se está escuchando, o para interrumpir una divagación, haciendo un breve resumen de lo expresado. Por ejemplo: "Si no te he entendido mal...", "tú quieres decirme que...".*

*REFLEJO: Repetir el contenido emocional del mensaje, incluso el tono. Sirve para animar a expresar emociones e intensificar los sentimientos del otro.*

*AFIRMACIÓN DE LA CAPACIDAD: Sirve para animar y ampliar la conciencia respecto a las posibilidades del sujeto. También pone en primer plano una acción potencialmente beneficiosa para la otra persona.*

*DAR INFORMACIÓN ÚTIL: Hay que ser sinceros y no dar falsas esperanzas o contestaciones esquivas. La información útil disminuye el estrés y la ansiedad.*

*AYUDAR A PENSAR: Consiste en hacer preguntas que llevan a un análisis objetivo de la situación.*

*ELEGIR EL LUGAR Y MOMENTO ADECUADO: Este punto es difícilmente explicable y es la experiencia la que nos irá sugiriendo la idoneidad de actuación respecto a este apartado.*

Por otra parte, el técnico de transporte sanitario desarrolla una labor que no puede considerarse desde un punto de vista individual, ya que se integra dentro de un equipo multidisciplinar. Solo si el equipo funciona simultáneamente y de forma coordinada sus acciones tendrán el fruto esperado.

A continuación se desarrollan algunos puntos a tener en cuenta para dicho grupo de trabajo.

### Dinámica grupal

En psicología se utiliza una serie de elementos para definir a un grupo:

- Está formado por dos o más personas.
- Sus integrantes comparten una "cultura" propia compuesta por sus normas, objetivos, prejuicios, etc.
- Los miembros interactúan entre sí dentro del grupo.
- Permanecen durante un tiempo, van evolucionando.
- Cooperan entre sí para conseguir un objetivo común.

Actualmente en la sanidad, y en la mayoría de las profesiones, resulta imprescindible trabajar en equipo. Se considera primordial formar grupos de trabajo que compartan estas características, para cumplir con su objetivo: velar por el bienestar físico, social y emocional de los usuarios.

Como hemos visto anteriormente, la comunicación es un punto muy importante, tanto con los pacientes como con los propios compañeros. Para mejorar tanto la interacción como la correcta puesta en práctica de los protocolos de actuación existen algunas dinámicas de grupo, como por ejemplo el role-playing.

#### Definición

***Role-Playing***

Técnica que se usa para el entrenamiento en una situación determinada. Se realiza una simulación en la que cada participante desempeña un rol determinado. Tras la dramatización se analiza con el fin de depurar la actuación de cada uno de los "actores". Por ejemplo, esta técnica puede favorecer la comunicación asertiva ya que permite ensayar cómo se desarrollarían posibles situaciones y las respuestas que se le darían.

## Psicología del trabajo en equipo

En la actualidad se tiende a abandonar la idea de grupo de trabajo en el que con probabilidad exista un líder por el de equipo de trabajo o **equipo interdisciplinar.**

Un equipo interdisciplinar es un conjunto de profesionales de diferente formación que trabaja de forma conjunta por un mismo objetivo. Cada uno desempeña una labor diferente, aunque esta enlace con el trabajo de los compañeros. Por este motivo suele existir la figura de un coordinador, diferente del líder que se encontraba por encima de los demás compañeros. En estos equipos se trata de igualar el valor de todos, ya que cada uno desarrolla una actividad importante y diferenciada.

El médico que va en una ambulancia dispone de una carrera universitaria claramente diferenciada de la formación que ha recibido el **técnico de transporte sanitario.** Sin embargo, uno necesita del otro y viceversa. Es decir, el médico no podrá desarrollar su trabajo de la mejor forma posible si el transporte sanitario no llega a su destino correctamente y con la mayor brevedad, así como la labor del técnico no estaría completa si el paciente no puede empezar a recibir atención especializada desde el primer momento, solo cuando llegase a un centro hospitalario.

El trabajo en equipo puede favorecer al rendimiento grupal gracias a los efectos de la facilitación social. Sin embargo, pueden aparecer efectos dañinos en la concepción del trabajo de equipo, como el "efecto gorrón" o el "efecto primo", que impidan un correcto trabajo. Para evitarlos, la comunicación grupal debe cuidarse y delimitar claramente las tareas de cada uno.

### Definición

**Efecto "gorrón"**
Una persona disminuye su rendimiento al no considerar su trabajo indispensable.

Continúa en página siguiente >>

<< Viene de página anterior

**Efecto "primo"**
Una persona frena su rendimiento por miedo a que un compañero "gorrón" se aproveche de su trabajo.

---

## El rol del profesional sanitario

El profesional sanitario desempeña un papel escogido voluntariamente, conviene recordar este punto ya que, aunque para él las situaciones a las que se enfrenta son estresantes se encuentra formado y preparado para ellas. La diferencia con los pacientes radica en que estos afrontan involuntariamente una situación nueva (la patología).

Durante siglos los profesionales sanitarios, especialmente los médicos, han adoptado una posición paternalista hacia los enfermos. Se han situado en una escalón superior en jerarquía del sistema y los han tratado como inferiores e, incluso, casi como si se tratara de niños.

Actualmente, el equipo interdisciplinar que actúa ante una situación de emergencia o en cualquier servicio sanitario (médico, enfermero, psicólogo, técnico de transporte, fisioterapeuta, etc.) intenta humanizar al paciente. Para ello la línea de actuación suele personalizarse a la idiosincrasia de cada enfermo.

Los profesionales sanitarios deben reciclar continuamente su formación teórica, pero además deben mantener al día sus habilidades sociales para el trato con los demás. No se debe olvidar que la confianza que provoca el especialista en sus pacientes es una de las claves en el tratamiento. Imagina que acude a su médico y este no le convence, no se gana su confianza, probablemente haga caso omiso a sus indicaciones.

Finalmente resulta importante señalar que los profesionales también son personas, a los que su vida familiar y laboral puede afectar en determinados momentos. Por todo ello, deben cuidar su bienestar emocional, para evitar, por ejemplo, el síndrome de *burnout,* y utilizar las técnicas de control de estrés de las que disponen.

## El rol del paciente

El 14 de noviembre de 2002 se creó la Ley 41/2002, reguladora de la autonomía del paciente y de derechos y obligaciones en materia de información y documentación clínica. Esta ley tiene por objeto la regulación de los derechos y obligaciones de los pacientes, usuarios y profesionales, así como de los centros y servicios sanitarios, públicos y privados, en materia de autonomía del paciente, información y documentación clínica.

En el artículo 2 de la citada ley se informa de los principios básicos que regulan los derechos de los pacientes.

> 1. *La dignidad de la persona humana, el respeto a la autonomía de su voluntad y a su intimidad orientarán toda la actividad encaminada a obtener, utilizar, archivar, custodiar y transmitir la información y la documentación clínica.*
> 2. *Toda actuación en el ámbito de la sanidad requiere, con carácter general, el previo consentimiento de los pacientes o usuarios. El consentimiento, que debe obtenerse después de que el paciente reciba una información adecuada, se hará por escrito en los supuestos previstos en la Ley.*
> 3. *El paciente o usuario tiene derecho a decidir libremente, después de recibir la información adecuada, entre las opciones clínicas disponibles.*
> 4. *Todo paciente o usuario tiene derecho a negarse al tratamiento, excepto en los casos determinados en la Ley. Su negativa al tratamiento constará por escrito.*
> 5. *Los pacientes o usuarios tienen el deber de facilitar los datos sobre su estado físico o sobre su salud de manera leal y verdadera, así como el de colaborar en su obtención, especialmente cuando sean necesarios por razones de interés público o con motivo de la asistencia sanitaria.*
> 6. *Todo profesional que interviene en la actividad asistencial está obligado no solo a la correcta prestación de sus técnicas, sino al cumplimiento de los deberes de información y de documentación clínica, y al respeto de las decisiones adoptadas libre y voluntariamente por el paciente.*
> 7. *La persona que elabore o tenga acceso a la información y la documentación clínica está obligada a guardar la reserva debida.*
>
> **Artículo 2.** Principios básicos.

El paciente es el eje sobre el que debe girar el sistema sanitario, puesto que su fin último es velar por la salud integral de todos los usuarios.

El papel que desempeñe el paciente resulta muy importante durante el tratamiento y en la consecución de los objetivos. Además de los derechos que la ley recoge, los enfermos que se sienten y comportan de forma activa y no pasiva ayudan en su propia curación.

A pesar de que muchos familiares y algunos profesionales consideran que en determinados casos es positivo que el enfermo ignore qué le sucede, un paciente con conocimiento e información sobre su patología es una persona que acepta más rápidamente, que ayuda a reconocer síntomas, que colabora mejor con los profesionales, que tiene un menor índice de abandono del tratamiento, etc.

Además de la información recibida, resulta imprescindible el trabajo psicosocial que se realiza para concienciar a los pacientes de la necesidad de cumplir con las prescripciones médicas. En muchos casos, los pacientes "olvidan" parte de las rutinas que el médico le solicita que realice dificultando la tarea del equipo sanitario. En otras ocasiones, se saltan la dieta o abandonan el tratamiento por cuenta propia. Concienciar de la importancia de su propia conducta en el desarrollo de su enfermedad al paciente y a la familia resulta necesario, ya que el papel que ellos cumplen no puede ser suplantado por los profesionales en infinidad de ocasiones, especialmente cuando no se encuentran hospitalizados.

## 7.5. Comunicación del profesional sanitario con el paciente

El **Técnico de transporte sanitario** debe estar preparado para afrontar situaciones de emergencia en los que es importante que se dé una comunicación eficaz con el paciente para mejorar la atención que este reciba. Sin embargo, los afectados en un rescate suelen estar conmocionados y responder más a nivel emocional que racional debido a lo estresante de la situación, siendo poco probable que sean capaces de procesar o entender mensajes largos o complejos.

Parada (1998) señala que es conveniente respetar los siguientes pasos:

1. ***Identificarnos.*** *El paciente se encontrará más tranquilo si conoce la identidad de quién le ayuda (como personal de rescate) y su intención.*
2. ***Dar información e instrucciones.*** *Es conveniente dar a conocer las acciones llevadas a cabo, dando instrucciones claras de cómo comportarse para colaborar. "A mayor estado de descontrol de la persona, mayor firmeza y sencillas en las instrucciones".*
3. ***Animar y distraer.*** *Además de cooperar, resulta aún más necesario que los usuarios no interfieran. En ocasiones es posible que su estado de agitación le impida ayudar, entonces deben realizarse preguntas neutras con el fin de distraerlas.*
4. ***Tranquilizar.*** *Si el paciente está fuera de peligro físico conviene atender su estado emocional tratando de ralajarlo.*

A los elementos anteriores Fernández Millán (2005) añade otros aspectos a realizar por el profesional sanitario:

1. ***Identificarnos.***
2. ***Responder a las necesidades de información.*** *Los accidentados necesitan respuestas a sus preguntas, por ello estas deben ser atendidas ya que no escucharlos podría crear un clima de desconfianza. Sin embargo, si no nos encontramos en situación de dar la información que nos solicitan es mejor manifestarlo con un simple "no lo sé", nunca mentir.*
3. ***Explicar lo que se hace.*** *Si el paciente recibe información de lo que se está realizando probablemente se sienta más relajado ya que comprende el sentido de las acciones.*
4. ***Escucharle.*** *Es bastante posible que los usuarios se encuentren nerviosos, por ello conviene escucharles y trasladarles que este estado es normal.*

Según Mitchell y Everly (1996), en la comunicación usada durante los salvamentos se debe ser especialmente cuidadoso respecto a:

- *No discutir con la persona si está alterada o se muestra irritada.*
- *No intentar "hacerla entrar en razón" mediante consejos o explicaciones complejas. Hay que tener en cuenta que la persona puede estar desenvolviéndose más en un plano emocional que racional.*

- *No culpar o moralizar sobre su posible comportamiento imprudente.*
- *No cortar su llanto o manifestaciones de dolor o sufrimiento.*
- *No seguirle la corriente o darle la razón ante manifestaciones de culpabilidad o remordimiento.*

## 7.6. La relación de ayuda

En palabras de Carl Rogers:

> *Podríamos definir la relación de ayuda diciendo que es aquella en la que uno de los participantes intenta hacer surgir, de una o ambas partes, una mejor apreciación y expresión de los recursos latentes del individuo, y un uso más funcional de estos.*
>
> *Toda relación en la que, al menos **una de las partes,** intenta **promover en el otro** el crecimiento, el **desarrollo,** la maduración y la capacidad de funcionar mejor y enfrentar la vida de manera más adecuada... En otras palabras, podríamos definir la relación de ayuda diciendo que es aquella en la que uno de los participantes intenta hacer surgir, en una o ambas partes, **una mejor apreciación y expresión de los recursos latentes del individuo y un uso más funcional de estos.***

La relación de ayuda, aunque suene redundante, se basa precisamente en eso: ofrecer AYUDA. Se trata de un vínculo gracias al cual una de las partes intenta promover la mejora del otro.

La relación de ayuda puede establecerse en cualquier tipo de relación: paternal, de amistad, profesor-alumno, etc. Sin embargo, la que aquí nos ocupa es la que se establece entre el personal sanitario y los enfermos.

Para favorecer al otro existen una serie de estrategias que se puede utilizar:

- Entender el problema.
- Observar el problema desde el contexto y la situación de la persona concreta, entiendo el significado que tiene para ese paciente en concreto tanto su problemática como las posibles soluciones.
- Identificar los recursos, tanto materiales y económicos como sociales, de los que dispone el usuario.
- Favorecer el uso de los recursos disponibles.

- Buscar nuevas posibilidades aportando un punto de vista nuevo.
- Motivar a la acción, evitando la pasividad.
- Promover cambios constructivos, evitando en la medida de lo posible los retrocesos.
- Ser, manifestar e intentar provocar optimismo incentivando la superación de los conflictos.
- Colaborar con el crecimiento personal, no olvidemos que los obstáculos suponen una gran oportunidad para superarnos a nosotros mismos.

En definitiva, hablar de relación de ayuda supone referirnos a un intercambio entre personas en el que se intenta promover la superación.

Puede parecer que en esta interacción uno gana y otro pierde, siendo esta una afirmación muy alejada de la realidad, ya que cuando ayudamos a alguien de una u otra forma también favorecemos nuestro propio crecimiento. En el trato con esa persona podemos ganar un punto de vista nuevo, darnos cuenta de un recurso que no conocíamos, descubrir la capacidad del ser humano ante determinadas situaciones, sentirnos útiles y mejor personas, etc. No olvidemos que cuando damos siempre recibimos algo a cambio aunque no lo busquemos, por ello existen tantos millones de voluntarios en el mundo.

## 8. Resumen

En este capítulo se han identificado los distintos elementos que integran la comunicación: emisor, receptor, mensaje, canal, retroalimentación, codificación e, incluso, las barreras comunicativas, dándole especial importancia al *feedback,* ya que gracias a él conocemos si lo que llega es lo que deseábamos transmitir.

Por otra parte, se ha tratado de diferenciar el lenguaje verbal del no verbal. Recuerde que comunicamos con todo nuestro cuerpo, no solo con la boca.

Para el **técnico en transporte sanitario** es fundamental desarrollar las distintas habilidades sociales, cuya práctica resulta imprescindible para el buen desarrollo de las funciones de este, debiéndose emplear tanto con los usuarios como con el resto de profesionales con los que se colabora. Es conveniente resaltar algunas como la **escucha activa** (dentro de la empatía), la **negociación** y la **asertividad.**

Finalmente, se ha desarrollado la relación de ayuda como una interacción en la que una persona intenta favorecer el crecimiento y la superación de un problema a otra.

## Ejercicios de repaso y autoevaluación

**1. La comunicación será más adecuada si...**

a. ... comunicamos el mensaje de la misma forma para todos los receptores, ya sean niños o mayores, técnicos o pacientes, porque la verdad no tiene más que un camino.
b. ... atendemos exclusivamente a la comunicación no verbal. No es tan importante lo que se dice sino cómo se dice.
c. ... nos centramos en que no existan barreras en la comunicación como ruido, sin ellas la comunicación debe ser obligatoriamente buena.
d. ... atendemos a todos los aspectos de la comunicación: mensaje verbal, no verbal, barreras, receptor y respuesta de este. La comunicación está integrada por todos estos elementos y todos deben ser atendidos.

**2. Los conos y los bastones forman parte de un sentido, concretamente de:**

a. La vista.
b. El oído.
c. El gusto.
d. El olfato.

**3. Señale la opción verdadera en relación a los sentidos.**

a. El sentido del tacto no sirve para comunicar.
b. El gusto puede distinguir cinco sabores: dulce, salado, amargo, ácido y umami.
c. El olfato es un sentido totalmente independiente de los demás, es decir, no guarda relación con la recepción sensorial de ningún otro sentido.
d. Existen cuatro huesecillos en el oído que colaboran con la recepción del sonido, estos son: yunque, martillo, pala y estribo.

**4. Los movimientos corporales, la mirada y las expresiones faciales forman parte de:**

a. Comunicación verbal.
b. Paralenguaje.

c. Ámbito proxémico de la comunicación no verbal.
d. Ámbito kinésico de la comunicación no verbal.

**5. Un ejemplo de empatía es:**

a. Entender lo que le sucede al otro y darle un consejo de lo que debe hacer en consecuencia.
b. Entender lo que el otro piensa y siente, escuchar en silencio pero dándole apoyo y sin juzgarlo.
c. Reconocer que miente porque expresa nerviosismo y no hacerle caso a lo que nos dice.
d. Sentirse tan mal con la tragedia del otro que terminamos llorando y este nos consuela.

**6. ¿Cuál de las siguientes habilidades no deben ser entrenadas por un profesional sanitario?**

a. Autocontrol.
b. Dominio propio y de la situación.
c. Capacidad de transformación de la situación nueva hacia los valores conocidos.
d. Seguridad en sí mismo y en lo que hace.

**7. En una negociación se espera...**

a. ... que no gane ninguna parte.
b. ... que solo gane la parte que comienza con la negociación.
c. ... que solo gane la parte que finaliza la negociación.
d. ... que las dos partes ganen.

**8. En un equipo interdisciplinar sanitario:**

a. Todos realizan todas las tareas repartidas equitativamente.
b. Existe una jerarquía muy marcada entre el médico, enfermero y técnico.
c. El rendimiento es peor cuando se trabaja de forma individualizada.
d. Todas las opciones son incorrectas.

**9. ¿Cuál de las siguientes no se corresponde con una conducta asertiva?**

a. Disculparnos por no hacer algo que no nos apetecía y que no era una obligación nuestra.
b. Decir que no a una solicitud de ayuda.
c. Ser educado en la comunicación con los demás, entendiendo que el otro puede discrepar de nuestro punto de vista.
d. Mostrarse en desacuerdo con la opinión de un compañero.

Capítulo 3

# Primeros auxilios psicológicos en catástrofes

# Contenido

## 1. Introducción

A lo largo de la vida los seres humanos pasan por diferentes etapas marcadas por acontecimientos vitales muy diferentes. Existen acontecimientos que además están cargados de connotaciones negativas como la enfermedad o el fallecimiento de alguien cercano.

Cada nueva situación conlleva emociones y sentimientos diferentes, experiencias psicológicas que unos saben afrontar bien y para quienes otros necesitan ayuda. Si además son afectados por una catástrofe, su rutina variará de forma inesperada y dejándoles huella (materiales, personales y/o psicológicas).

Actualmente en España, existe toda una red de ayuda a situaciones de emergencia, tanto a nivel gubernamental (con ayudas económicas, apoyo a los damnificados, etc.), a nivel de servicio de emergencias (policía, servicios sanitarios, bomberos y ejército) así como el trabajo realizado por los profesionales que desde un punto de vista psicológico intenta mejorar o, al menos, paliar las consecuencias de los afectados.

En este capítulo se desarrolla tanto las posibles reacciones de los que sufren una catástrofe, como sus posibles consecuencias. Para finalizar se cerrará explicando el apoyo psicológico que, en cada situación, se puede prestar.

## 2. Comportamiento de la población ante una catástrofe

Antes de proseguir conviene citar la diferencia entre emergencia, desastre y catástrofe según Marcuello (2004):

- *Una **emergencia** es una situación local que por términos generales se solventa con los medios locales, aquí se puede hablar de un accidente de tráfico, un accidente laboral o una emergencia surgida dentro de un inmueble.*
- *Un **desastre** puede ser originado de forma natural o bien provocado por el hombre. Al existir mayor número de damnificados existe un mayor despliegue logístico más vehículos de transporte sanitario, dotaciones de policía, realojamiento, evacuaciones a diferentes centros hospitalarios, etc.*

- *Una **catástrofe** es una situación con grandes pérdidas de vidas así como pérdidas materiales que pueden afectar a ciudades, produciendo un gran impacto social tanto para las personas que están viviendo y sobreviven a la catástrofe como aquellos que viven la tragedia desde la distancia, por tal motivo se precisa de un despliegue logístico más sofisticado donde se activan todos los servicios sanitarios disponibles así como Cuerpos y Fuerzas de seguridad del Estado, unidades del Ejército para ofrecer ese apoyo logístico así como infraestructuras donde se puedan prestar los servicios y cuidado de los ciudadanos.*

En los medios de comunicación no siempre se utilizan estos términos correctamente, de forma tal que pueden hablar de un mismo acontecimiento utilizándolos como sinónimos. En ocasiones con ello esperan llamar la atención del público sobre una noticia dramática. Por otra parte, no se debe olvidar que los medios de comunicación tienen un gran poder al trasladar la información a miles de personas, especialmente cuando la situación requiere ayuda de quien voluntariamente pueden aportar algo a los damnificados. Recordemos el gran volumen de ayuda recogida para Haití en los primeros momentos cuando televisión, prensa y radio no dejaban de persuadir a todos a colaborar.

Cuando sucede una situación de urgencia no solo ocupa a los intervinientes y a los afectados, sino a toda la sociedad que lo rodea y de una u otra forma se hace partícipe. Los voluntarios son un factor muy importante que realiza amplias labores tanto de búsqueda de desaparecidos, de apoyo logístico, reparto de ayuda, etc. Además, por su cercanía con los afectados, se encuentran en un lugar privilegiado para dar el primer apoyo emocional.

Además de las diferencias técnicas entre emergencia, desastre y catástrofe, cada persona puede reaccionar de una forma determinada necesitando apoyo psicológico personalizado a cada caso, todo ello supone un gran esfuerzo de los profesionales para conseguir minimizar las consecuencias.

## Aplicación práctica

**A continuación se enumera una serie de acontecimientos, algunos reales y otros ficticios. Busque información sobre ellos y diga si se considerarían emergencia, desastre o catástrofe, argumentando su opinión:**

- **a. Una colisión entre dos camiones en una carretera local en el que ambos conductores salen heridos graves y no hay más implicados.**
- **b. La desaparición de Marta del Castillo.**
- **c. La riada sufrida en el Camping de Biescas (Huesca).**
- **d. El atentado del 11-M de Madrid.**
- **e. El terremoto de Lorca.**

**SOLUCIÓN**

Atendiendo a los afectados y los recursos utilizados podemos decir que:

- a. El accidente de tráfico entre los dos camiones es una emergencia, ya que necesita de los medios locales cercanos para ser atendido y no implica a muchas personas, en este caso solo los dos conductores.
- b. El caso de Marta del Castillo es, en principio, una emergencia, ya que la desaparición de una adolescente solo implica a una persona y debe ser atendido por los medios más cercanos. Aunque, debido a no encontrarla y la repercusión que tuvo el caso en los medios, así como el apoyo social recibido se convirtió en un desastre, ya que para su búsqueda se llevó a cabo un despliegue logístico y humano propio de un desastre. Se buscó en numerosos puntos de la localidad sevillana y se utilizaron recursos de varios cuerpos de seguridad del estado.
- c. En 1996 se produjo un gran torrente conllevando la inundación del camping de las Nieves en Biescas. Como resultado hubo 87 muertos y numerosos heridos. Este desastre natural necesitó una amplia intervención ya que se vieron colapsados los recursos cercanos tanto de rescate como sanitario por la gran cantidad de personas afectadas.
- d. y e. Tanto el atentado terrorista del 11-M de Madrid como el terremoto de Lorca son catástrofes, ya que tuvieron amplia repercusión en numerosas personas, en el primero por numerosas pérdidas humanas (fallecidos) y la destrucción de parte del sistema ferroviario de la capital. En el segundo caso, hubo una gran cantidad de edificios dañados que llegaron a estar inhabitables, con lo que la vida de la localidad murciana se vio afectada en su totalidad: heridos, negocios, hogares, colegios, etc. Todo ello conllevó un gran despliegue de ayuda.

## 2.1. Reacción conmoción-inhibición-estupor

Si piensa en las primeras imágenes que los medios de comunicación han podido emitir por televisión de cualquier catástrofe es fácil recordar a supervivientes que parecen perdidos y totalmente desorientados, sin todavía comprender qué ha sucedido. Esta es la fotografía de la reacción de conmoción-inhibición y estupor.

La reacción más habitual tras una catástrofe, especialmente en las primeras horas, es la reacción de conmocion-inhibición y estupor. Cuanto mayor es la magnitud de lo acontecido más casos encontramos y la desorientación puede ser más intensa.

Los afectados sienten indefensión, una gran desorientación, problemas para razonar y comprender lo sucedido. En esos primeros momentos no suelen expresar emociones de tristeza todavía, ya que no piensan en las consecuencias sino que aún están absorbiendo la información de los acontecimientos. Esta situación puede durar varias horas si no se ofrece la atención adecuada.

La explicación más plausible para esta reacción es el alto nivel de estrés y de tensión soportados. En una situación crítica el organismo descarga una dosis mayor de neurotransmisores (entre ellos adrenalina) colaborando con la rápida actuación de la persona que actúa y huye del peligro, como una persona que escapa de un edificio en llamas. Tras conseguirlo y con ese nivel alto de activación aún, necesita cierto tiempo para tolerar el estrés y entender.

Sabía que...

La indefensión adquirida es un aprendizaje que da lugar a una condición psicológica en la que la persona se siente indefensa, como si no pudiese hacer nada para escapar de la situación en la que se encuentra. Es decir, siente que no tiene control sobre lo que le sucede y, por tanto, muestra una actitud pasiva.

Este término fue postulado por Martin Seligman.

## 2.2. Reacción de pánico

El miedo es una reacción normal del organismo ante una situación de peligro. Gracias a él a lo largo de la historia las personas han actuado salvando su vida, por ello se trata de una respuesta biológica innata en nuestra información genética. El miedo prepara al ser humano para la lucha o la huída, nos ayuda a evaluar rápidamente los riesgos evitando cometer imprudencias y buscando una solución. Por todo ello, igual que el estrés, es bueno sentir miedo en una situación de peligro.

Sin embargo, el pánico es la exacerbación del miedo. Cuando una persona siente pánico pierde la capacidad de racionalización rápida y sufre lo que se denomina "ceguera psicológica", es decir, no se ve con claridad cuál es la mejor alternativa para evitar el peligro y provoca llevar a cabo acciones tales como tirarnos por una ventana de un piso alto para evitar un pequeño incendio. En este caso el intento irracional de huir evita no evaluar los riesgos que *a posteriori* tiene una caída desde bastantes metros de altura.

El pánico está compuesto por distintos **elementos:**

- **Componente subjetivo.** Se corresponde con lo anteriormente citado, es decir, un intenso miedo sumado a la sensación de no poder escapar del peligro. Esta percepción dificulta el afrontamiento de la situación.
- **Contagio emocional.** El pánico tiende a contagiarse a las personas que rodean a la persona afectada. Si no se controla puede suponer un problema mayor al inicial complicando la actuación de los intervinientes.
- **Componente conductual.** Las conductas que se dan como consecuencia de la vivencia del pánico: huida, lucha por los recursos, llanto incontrolado, ataque de histeria, etc.
- **Reacciones individuales.** Es decir, aquellas actuaciones protagonizadas por personas con pánico totalmente egocéntricas, buscando solo su propia salvación. Seria el caso una persona que ante un tornado decide entrar solo en un búnker preparado para tal, o aquel en el que un náufrago utiliza un bote salvavidas sin dejar a más personas que lo compartan.

Existe la creencia popular falsa de que el pánico es una reacción normal ante una catástrofe. Los profesionales llaman a la necesidad de desmitificar este mito y, ante todo, a trabajar de forma que se dé en su mínima expresión. Las investigaciones que existen sobre el tema ofrecen datos que desmitifican la reacción inmediata de pánico en los afectados de una catástrofe. De hecho el Profesor Quarantelli asegura que "[...] generalmente no se produce pánico. En vez de huir de los lugares expuestos, es mucho más probable que la gente se concentre en las zonas de impacto". Si echamos mano de la memoria colectiva y se recuerda la tragedia del 11-M encontraremos esta afirmación cierta, ya que no solo no se produjo una reacción colectiva de pánico sino que muchos voluntarios acudieron a la zona para ayudar, incluso entre los afectados colaboraban entre sí aquellos que aún podían.

### Sabía que...

El cine tiene gran parte de culpa en que se relacione una catástrofe con la reacción de pánico, ya que es un recurso que utilizan para impactar al espectador. Por ejemplo Tiburón, Titanic, Armageddon o Twister.

El pánico se vuelve mucho más frecuente en una situación en la que la percepción es la de que no existe vía de escape o estas están colapsadas. Las personas se sienten encerradas, atrapadas y, en algunos casos, heridas o comenzando a sufrir las consecuencias (como la asfixia en caso de incendio). Todo ello puede provocar una reacción exacerbada de miedo buscando la supervivencia a toda costa, aunque no se halle la mejor solución.

Otro factor que puede promover la aparición de pánico es la pérdida de un ser querido de una forma violenta y traumática. Por ejemplo, cuando una persona sale despedida en un accidente de tráfico salvando la vida y ve cómo el vehículo sale ardiendo con su pareja en el interior.

Los profesionales de la intervención en situaciones de emergencia deben estar preparados para manejar una reacción de pánico individual y colectiva. Aunque no se trate de una tarea fácil controlar no solo el estado de agitación personal, sino también la de un grupo de personas mientras se intenta actuar; resulta imprescindible evitar las posibles consecuencias negativas que una actuación negligente en masa puede conllevar.

En el caso de una persona con pánico es importante cortar la conducta que puede conllevarle un daño, por ejemplo, una persona que huya en la dirección contraria a la salida. Para ello es bueno pedir ayuda a alguien más, ya que la fuerza que manifiesta una persona en este estado es superior a la habitual. Se le debe abrazar impidiéndole continuar con su conducta, resistir su reacción y nunca responder de forma agresiva puesto que podríamos provocar el contagio que tratamos de impedir. En estos casos puede resultar poco productivo intentar razonar, sino que se deben dar indicaciones enérgicas y claras de lo que hacer.

Cuando un grupo se siente acorralado suele aparecer un líder que marca las pautas a seguir, esta figura debe enfatizar sus indicaciones haciendo que el resto le sigan. Lo mejor para controlar la situación es que un profesional con conocimiento sobre la situación se convierta en el líder.

## 2.3. Éxodos

Según el diccionario el éxodo es "emigración de un pueblo o de una muchedumbre de personas". En situaciones de crisis, el éxodo constituye la solución para algunas personas, se produce de forma instintiva una migración voluntaria que les da una oportunidad de supervivencia al alejarse de la zona donde se haya el peligro, y aumentando así sus posibilidades de supervivencia.

La reacción psicológica de cada persona que participa en un éxodo depende de diferentes variables tales como:

- **Grado de afectación física.** Se pueden encontrar dentro de grandes masas en éxodo personas heridas que afrontan con mayor dificultad la emigración.
- **Situación emocional-afectiva.** La psique de cada individuo puede responder de forma muy diferente en relación a su idiosincrasia personal, el momento vivido y el contexto que le rodea. No es lo mismo una persona que viaja sola tras sufrir graves pérdidas humanas a otra que lo hace junto a su familia y amigos.
- **Personalidad y estilo de afrontamiento.** Como se vió en el capítulo uno, del estilo de afrontamiento y la personalidad varía cómo se ven las distintas situaciones y qué se hace y se siente en consecuencia.
- **Pérdidas materiales y humanas.** A mayor pérdida mayor afectación psicológica, especialmente cuando estas se refieren a personas cercanas.
- **Apoyo gubernamental.** Se conocen numerosos casos de éxodos en el tercer mundo donde la falta de recursos tras una catástrofe obliga a una gran cantidad de gente a trasladarse sin ningún tipo de apoyo. Obviamente si no se tienen las necesidades básicas cubiertas (comida, medicamentos, infraestructura, etc.), la situación emocional se agrava en relación a aquellos que afrontan un éxodo junto a los equipos profesionales oportunos y todos sus recursos.
- **Apoyo psicológico recibido.** El apoyo psicológico de urgencia dado en el primer momento se considera hoy día una parte fundamental de la actuación en una catástrofe.
- **Temporalidad.** En ocasiones, se conoce el tiempo que durará el desplazamiento, y en otras, ni siquiera se puede saber si será posible volver al lugar de origen. En algunos éxodos que se producen tras situaciones bélicas, los afectados ni siquiera contemplan la opción de volver, de manera

que la percepción de la pérdida de todo lo que se deja atrás por parte de los migrantes es más dramática.

- **Combinación con otras reacciones.** La situación se vuelve mucho más compleja si aparece alguna reacción de pánico durante un éxodo. También es posible que durante los primeros momentos dentro del grupo se encuentren personas en situación de conmoción-inhibición y/o estupor.

Es necesario distinguir dos tipos de éxodos: éxodo sin organización y éxodo por evacuación de zona peligrosa.

En el primer caso, el **éxodo sin organización** hace referencia a las migraciones de grupos de personas sin el apoyo de una institución. Estos se dan sobre todo en situaciones bélicas donde existe inestabilidad gubernamental y los recursos existentes no se dirigen a los afectados de la catástrofe. La situación es muy dura puesto que no solo tienen que afrontar la catástrofe y sus consecuencias físicas y psicológicas, sino que también deben subsistir por su propia cuenta. Aquí cobra una gran relevancia la ayuda humanitaria aportada por grupos humanitarios tanto a nivel de alimentación, sanidad, organización, información y resolviendo posibles conflictos si en ese éxodo se necesitara traspasar una frontera.

Por otra parte, el **éxodo por evacuación** de zona peligrosa resulta más llevadero, teniendo en cuenta que una situación de este calibre nunca puede ser fácil. Se trata de movilización ante la necesidad de abandonar una zona peligrosa, esta puede ser el foco de un incendio, un volcán en erupción, etc. En estos casos, aunque exista acción social, suelen ser los gobiernos y sus equipos de profesionales los que coordinan el traslado aportando los recursos materiales, humanos y logísticos necesarios para ello. Además estos equipos de profesionales se encuentran cada vez más preparados para dar el apoyo psicológico tan necesario en el primer momento.

### ? Sabía que...

En la frontera entre Kenia y Somalia en Julio de 2011 había más de 40.000 personas esperando para entrar en un campo de refugiados saturado tras vivir un éxodo de varias semanas. Mientras que esperaban una oportunidad para entrar no contaban con agua ni alimentos y tuvieron incluso que abandonar a los ancianos enfermos y los niños pequeños que no podían seguir por el camino.

## 2.4. Reacciones psicopatológicas de los afectados por una catástrofe. Reacción emocional desajustada

La reacción de un afectado por una catástrofe no es un continuo, es decir, que no se puede prever a priori cuál va a ser la reacción de los implicados por el mero hecho de vivenciar una situación de riesgo.

Como ya se vio en el primer capítulo, cada persona es diferente en relación a variables como la edad y la personalidad. A todo ello se debe sumar el momento vital, es decir, las circunstancias que rodean a cada ser humano. Todo ello conllevará un tipo de reacción u otra.

Ignacio Baloian y colaboradores marcaron en 2007 las siguientes reacciones como posible producto de una situación de crisis, emergencia o desastre, siempre teniendo en cuenta las diferencias individuales:

| | |
|---|---|
| **Efectos cognitivos** | Incredulidad y dificultad para dimensionar la magnitud del evento crítico.<br>Dificultad para pensar.<br>Dificultad para focalizar, tendencia a la dispersión.<br>Dificultad para encontrar alternativas de solución a los problemas.<br>Dificultad para tomar decisiones.<br>Dificultades de concentración.<br>Dificultad para incorporar nuevas informaciones.<br>Reexperimentación del evento crítico.<br>Asociación de objetos, personas o situaciones con la emergencia o desastre. |

Continúa en página siguiente >>

<< Viene de página anterior

| | |
|---|---|
| **Efectos emocionales** | Fuerte impacto, estado de *shock*.<br>Emociones intensas de angustia, tristeza, rabia, miedo o impotencia.<br>Desborde emocional.<br>Labilidad emocional.<br>Tensión e irritabilidad.<br>Aplanamiento afectivo.<br>Negación o minimización.<br>Desconexión emocional.<br>Revivir los efectos emocionales generados por emergencia o desastre. |
| **Efectos conductuales** | Sobreactivación o conductas erráticas.<br>Impulsividad.<br>Paralización o inhibición de la conducta.<br>Conductas de evitación.<br>Aumento de consumo de alcohol u otras sustancias psicoactivas.<br>Conductas de aislamiento, reducción de la vida social. |
| **Efectos fisiológicos** | Dolores corporales generalizados y difusos.<br>Jaquecas, mareos y desmayos.<br>Taquicardia y alteraciones abruptas de la tensión arterial.<br>Presión en el pecho ("sofocamiento" o "falta de aire").<br>Problemas gastrointestinales.<br>Cansancio.<br>Trastornos del sueño: insomnio, pesadillas o dormir en exceso.<br>Trastornos del apetito: inapetencia o comer en exceso. |
| **Efectos en las relaciones** | Cambio de las formas habituales de relación.<br>Descoordinación en las acciones.<br>Dificultades para ponerse de acuerdo acerca de cómo proceder.<br>Las responsabilidades se superponen y/o se diluyen.<br>Culpabilización mutua.<br>Descalificación de los recursos de otro.<br>Activación de conflictos previos. |

Por último, en este apartado se debe tener en cuenta dos variables más: la magnitud de la catástrofe y el grado de afectación individual.

Cuanta más gente se ve implicada en una catástrofe mayor dificultad de actuación tienen los servicios de emergencia, necesitando un elevado número de recursos. No es lo mismo que los costes de un incendio sea un edificio en llamas que numerosas hectáreas de bosque con varias localidades en peligro.

Además, los vecinos pueden servir de gran ayuda siempre y cuando se encuentren con posibilidad de hacerlo. Imagine la desaparición de un joven donde sus allegados organizan grupos de voluntarios para buscar por la zona, es diferente el grado de apoyo que siente esa familia al que tendría si en un terremoto hubiesen desaparecido centenares de personas, pocas personas quedan libres para desarrollar una actuación de ayuda.

El grado de afectación personal y de los seres queridos (familiares y amigos) influye mucho en la reacción psicológica de los afectados. La situación en la que se encontrará una persona fuerte, optimista y con apoyo social tras un accidente del que sale ilesa es diferente si no hay más heridos a que en el mismo fallezca un hijo suyo.

Por tanto, los intervinientes en una catástrofe han de saber qué parte de su tarea de rescate es ofrecer apoyo psicológico y no solo salvar vidas, ya que su intervención resulta primordial por tratarse del primer apoyo psicológico que cualquier tipo de reacción psicológica puede obtener.

### Reacción emocional desajustada

Ante una situación de crisis o catástrofe, o enfermedad, el individuo involucrado en esta puede sentirse indefenso y desarrollar una respuesta desajustada a lo que la propia situación conlleva. Esta reacción emocional patológica puede dar lugar a que la persona manifieste síntomas de desadaptación como ira, tristeza extrema y depresión, rabia y falta de recursos en definitiva para afrontar el suceso.

Pueden aparecer conductas a raíz de esta respuesta desajustada de pasividad, en la que el paciente no es capaz de buscar soluciones, evitación, o a tener expectativas extremadamente negativas con respecto al pronóstico de la situación de crisis o enfermedad.

La persona no es capaz de ver que esta respuesta le aleja de poder hallar una forma de avanzar en la resolución del problema o el afrontamiento de este.

## 3. Reacción neuropatológica duradera

Las reacciones que se exponen en este epígrafe no son respuestas tan inmediatas como las del anterior epígrafe, sino que su aparición es más insidiosa. Además, su existencia y consecuencias permanecen durante más tiempo en la vida del afectado.

### 3.1. Reacción psíquica grave

Las reacciones psíquicas más graves que se observan tras una catástrofe son los síntomas de trastorno de ansiedad y/o depresión, así como trastorno por estrés postraumático.

Algunas personas se ven superadas psicológicamente y les cuesta mucho volver a su vida tras vivir una situación de ese calibre. Para estos casos lo mejor es acudir a un especialista, un psicólogo que en consulta podrá desarrollar una terapia apropiada al caso en concreto.

Por otra parte, no se debe olvidar que dentro de los afectados en una situación de urgencia pueden existir afectados con alguna patología psíquica previa. Esta experiencia es posible que agrave su situación, debido al cambio que supone, a la ansiedad vivida (piense que para una persona deprimida puede ser una situación ansiosa el hecho de ir a comprar el pan, cuanto más vivir una catástrofe), puede que esta catástrofe desencadene secuelas físicas que le impidan continuar con su tratamiento de forma normalizada (por incompatibilidad de su medicación anterior con la actual situación, o por no poder acudir a consulta cuando le correspondía), etc. En estos casos son los especialistas psiquiatra-psicólogo quienes han de tomar las medidas oportunas con respecto al tratamiento de sus pacientes.

Es interesante que, en la medida de lo posible, los profesionales que atiendan a los afectados de una catástrofe indaguen en sus patologías y psicopatologías previas, de forma que agilicen el trabajo de los compañeros.

## 3.2. Reacciones psicológicas y del comportamiento, según el periodo de la catástrofe

La reacción psicológica y del comportamiento que una persona tiene como consecuencia de una catástrofe varía en función del momento en el que se encuentre. Se debe distinguir ente: periodo precrítico, de crisis, de reacción o postcrítico. A continuación se desarrolla cada uno de ellos.

### Periodo precrítico

El periodo precrítico es una fase previa a la catástrofe, cuando salta la alerta de lo que puede ocurrir. Las alarmas meteorológicas que se diferencian por colores según su gravedad son un ejemplo de ello.

Es el momento en el que las autoridades empiezan a actuar. Los estados de alarma del tiempo por colores son una prueba de ello. Comienza a preparar y coordinar los equipos y los medios logísticos para que se pueda intervenir cuando sea necesario. Anteriormente deben existir planes de evacuación y los cuerpos de seguridad del estado, así como los servicios de urgencia realizan con cierta periodicidad ensayos para saber cómo actuar en caso de que sea necesario. Por ejemplo, se da la circunstancia casi curiosa de que en Oslo pocos días antes de la masacre de Julio de 2011 se llevó a cabo un simulacro de atentado terrorista.

La población suele minimizar las posibles consecuencias o incluso negarlas. Se tiende a pensar que no será tanto lo que sucederá, que algo lo impedirá finalmente o que se saldrá indemne de ello. Esta reacción es natural, ya que la ansiedad se eleva con el mismo hecho de prever que se va a sufrir. Las personas que tienen miedo a ir al dentista empiezan a pasarlo mal desde el mismo momento que piensa en tener que hacerlo, imagínese que le empieza a doler una muela, la ansiedad y el malestar puede ser tan grande simplemente por pedir una cita, que la persona llega a minimizar y casi negar el dolor de muelas. Otro ejemplo es la ansiedad previa a un examen importante, cuando no se conocen los resultados ni se ha enfrentado siquiera a las preguntas evaluadoras. Si esto es así con acciones normales en el día a día no debe extrañar que suceda ante una catástrofe.

A pesar de que las autoridades deben estar preparadas y son quienes cuentan con la información de los expertos, puede ocurrir que también minimicen los efectos venideros. De hecho, cuando se informa a la población en general se dan pautas a seguir pero además se lanzan mensajes tranquilizadores. También es cierto que no interesa una reacción de pánico previa a la catástrofe. En la NASA hubo presiones por parte de los ingenieros para que no se lanzara el *Challeger* por temor a que su inestabilidad provocase un desastre, sin embargo, las autoridades hicieron caso omiso minimizando las probabilidades ante la presión de un nuevo éxito espacial por parte de EE. UU. El resultado fue que este explotó durante su lanzamiento con la muerte de todos los tripulantes y la pérdida de varios millones de dólares.

Además, parece que este mecanismo de adaptación de minimización de consecuencias de la catástrofe y negación aumenta a mayor nivel de peligrosidad, cuanto más cercano le es a una persona el suceso menos parece que le vaya a afectar. Existen personas que viviendo en lugares con alta probabilidad de tornados prefieren no informarse.

Entre los factores que influyen en la falta de respuesta de la población ante la inminencia de una catástrofe encontramos:

- Dificultad para abandonar las propiedades materiales, tales como la vivienda.
- Incredulidad hacia los hechos que se anuncian.
- La creencia en una protección sobrenatural.
- La cantidad de tiempo en la que la población vive en alerta.
- Experiencias anteriores.
- Desinformación.
- Poca credibilidad de la fuente de información.
- La organización por parte de las autoridades.

### Periodo de crisis

El periodo de crisis es aquel en el que está sucediendo la situación temida (el tornado, incendio, erupción del volcán, etc.). En ese momento la población se encuentra en fase de *shock,* es como si la realidad los superase y pueden llegar a tener una sensación de irrealidad, es decir, como si aquello realmente no sucediese. Esta perspectiva se parece en parte a la negación anterior, ya que les protege de la alta ansiedad al creerse invulnerables ("esto no está sucediendo así que no puede pasarme nada").

En el periodo de crisis comienzan las primeras reacciones de inhibición-conmoción y posterior estupor. Esta situación suele durar las primeras horas y enseguida comienza el periodo de reacción.

### Periodo de reacción

Esta fase es difícil de distinguir de la anterior. Durante la reacción es cuando el individuo actúa, desarrolla una estrategia más o menos eficaz para salvaguardar su vida y la de los suyos. El periodo de crisis está marcado por la pasividad, el no comprender que sucede, mientras que este momento se caracteriza por la actividad. Sin embargo, se entrelazan de tal manera que muchos autores los agrupan en una misma fase.

Lo sorprendente de este momento es la capacidad y fortaleza que se puede observar en el ser humano. Una persona con un brazo o pierna rota siente un gran dolor que puede paralizarle, pero si ello ocurre durante un desastre y debe poner a su pequeño a salvo es posible que ni se entere de la rotura del hueso hasta que termine lo que hace. Las personas son capaces de afrontar situaciones para las que se veían incapaces gracias a que el estrés del momento activa el instinto de supervivencia.

#### Sabía que...

La película 127 horas, refleja la historia basada en hechos reales de un montañista que tras quedar atrapado se vio obligado a amputarse su propio brazo para poder sobrevivir. Este caso refleja la capacidad del ser humano de luchar en una situación de crisis si su supervivencia está en juego.

### Periodo postcrítico

Dentro del periodo postcrítico diferenciamos dos momentos, en primer lugar se da la resolución de la catástrofe hasta llegar a una fase de adaptación y normalización.

Tras la fase de reacción llega el momento de afrontar las consecuencias de situación de crisis. Es el momento de socorrer heridos, buscar desaparecidos, proveer de recursos, tomar conciencia, prevenir efectos secundarios (como las epidemias tras inundaciones), etc.

En este momento, horas o días después de la catástrofe, es cuando las personas empiezan a entender lo que ha sucedido y aparecen los primeros efectos psicológicos. Sin embargo, aún existe cierta anestesia emocional. Se revive el momento, tienen pesadillas, etc. Pero aún no es fácil hablar del tema. Por el contrario, durante dos o tres semanas los medios de comunicación se centran en la noticia.

Más tarde, llega la fase de normalización colectiva. En esta etapa los medios dejan de lado lo sucedido porque deja de ser noticia y en la actualidad la información nueva apremia.

Los afectados deben ir volviendo a su rutina y afrontar las consecuencias, ya sean materiales, de salud física o psicológica. En este momento es cuando empiezan a aparecen los efectos más severos a nivel de patología y algunas personas acuden a terapia para afrontarlo.

Por otra parte, es el momento de pedir responsabilidades (si las hubiera), de preparar el terreno ante nuevas posibles situaciones, colaborar con ayudas a los supervivientes. La sociedad, que también ha salido lastimada de lo sucedido da muestras de apoyo y solidaridad con los afectados, como los homenajes que a título privado se llevaron a cabo tras el 11-M en Madrid.

Sabía que...

Frente a la estación de Atocha existe un monumento de homenaje a las víctimas del 11-M donde todavía muchas personas siguen dejando flores y mensajes de paz.

## 3.3. Reacciones positivas tras un catástrofe

Fernández y colaboradores expresaban:

*No hay que asumir que todas las respuestas que se desencadenan tras un desastre son negativas. En una investigación sobre la situación de los sobrevivientes de un tornado, un 84 % afirmaba que su experiencia les había mostrado que ellos podían enfrentar la crisis mejor de lo que en un principio hubieran pensado y un 69% sentían que ellos habían enfrentado un gran desafío y que habían crecido y mejorado como personas después del suceso. Alrededor de un tercio, encontraron que las relaciones con sus amigos y familiares habían mejorado, y que su relación de pareja se había convertido en más satisfactoria.*

Todo ello no implica que se desee experimentar una catástrofe, pero no se debe olvidar que el ser humano dispone de una fuerza y una capacidad de lucha y supervivencia que asombra, especialmente en situaciones de esta índole. El cómo se afronte el futuro tras una catástrofe influye mucho en su superación psicológica. Las personas que deciden disfrutar de la segunda oportunidad que les da la vida desde una óptica optimista suelen superar con cierta facilidad esta situación. De hecho, consideran que lo hacen enriqueciéndose porque muchos cambian sus prioridades dándole mayor importancia a sus relaciones personales que a otros factores más materiales.

## 4. Apoyo Psicológico en catástrofe

El apoyo psicológico en una catástrofe resulta fundamental tras asegurar la supervivencia, ya que igual que las consecuencias físicas pueden acompañar a un afectado toda la vida, las consecuencias psicológicas que no se afrontan correctamente pueden marcarle de forma crónica. La primera intervención ayuda a liberar emociones y a comenzar a entender lo sucedido, de ahí su importancia para el posterior desarrollo emocional.

Para llevar a cabo este apoyo se deben establecer unos objetivos, atender a unos principios psicológicos, conocer las medidas de contención y diferenciar las diferentes situaciones y la mejor actuación en cada una de ellas. Todos estos puntos son los que a continuación se desarrollan.

### 4.1. Objetivos

Los objetivos generales del apoyo psicológico en una situación de urgencia son:

1. Asegurar la atención psicológica de los afectados en una situación de emergencia, desastre o catástrofe.
2. Realizar acciones de intervención psicológica a los afectados.
3. Derivar y realizar seguimiento de los afectados durante y después de lo ocurrido.

Para delimitar los objetivos específicos de cada situación debe tenerse en cuenta la idiosincrasia de los afectados, así como el momento de afectación en el que se encuentran. De esta forma se diferencia si se encuentra la situación en el momento de inicio o en una fase posterior. Además es necesario delimitar la población objetivo del apoyo psicológico en relación a los recursos disponibles (humanos, materiales y logísticos). Si se produce la muerte de un menor en un accidente es posible que el equipo pueda dar cobertura a los familiares cercanos que se encuentren en el lugar y pueda prestar más tiempo a los progenitores. Sin embargo, si se produce un desastre en un colegio con numerosas pérdidas materiales y humanas es probable que se necesite priorizar, dando apoyo en primer lugar a los testigos directos y posteriormente a los padres; incluso es factible que se forme un grupo de apoyo colectivo.

En el momento inicial, tras sufrir la situación traumática, el apoyo psicológico que se dará será de urgencia. Es decir, se facilitará la expresión de emociones, que se encuentre informado de la situación, que tenga las necesidades básicas cubiertas, que se encuentre acompañado ante el duelo por un ser querido, etc. Con todo ello se intenta aliviar el sufrimiento de la persona sentando las bases para una pronta recuperación evitando consecuencias psicológicas mayores *a posteriori.*

El apoyo psicológico en una fase posterior, es decir, a medio y largo plazo intenta prevenir las consecuencias psicológicas retardadas. A medio plazo, intentando evitar TEPT (Trastorno por Estrés Postraumático) y a largo plazo, este apoyo deberá ser en las manos de un profesional en terapia psicológica para paliar las secuelas evitando su cronificación.

## 4.2. Principios de la atención psicológica

Cuando se habla de los principios de la atención psicológica en situaciones de crisis necesariamente ha de hacerse referencia al modelo BICEPS, es decir, Brevedad, Inmediatez, Calidez, Expectativas y Simplicidad. Este modelo de Salomón, inicialmente pensado para atender a militares en situaciones de combate de la "fatiga del combatiente", establece hoy día cómo debe ser la intervención psicológica en situaciones de emergencia.

### La brevedad

La intervención en emergencia ha de ser breve, en ocasiones es suficiente con unos pocos minutos, eso si hay que intervenir lo más rápido posible para que las secuelas sean menores, para ello recurrimos a las habilidades sociales como clave para comprender y entender el sufrimiento, la idea es que la persona que está sufriendo entienda que las reacciones por las que está atravesando son normales ya que el organismo intenta encontrar el equilibrio perdido, de lo que se trata es de utilizar técnicas simples que lleven poco tiempo y que sean de fácil utilización por parte de los afectados.

### La inmediatez

El apoyo psicológico debe ser lo más inmediato posible, de forma que los afectados puedan comprender cuanto antes qué ha sucedido y evitar consecuencias psicológicas posteriores de mayor gravedad (como TEPT). En los equipos de intervención suele existir la figura del psicólogo y los profesionales están cada día más formados al respecto precisamente para que puedan aportar ayuda inmediata, próxima tanto en espacio como en tiempo a la situación de crisis, sin tener que esperar.

### La calidez

Las habilidades sociales desarrolladas en el capítulo anterior tales como empatía y escucha activa cobran en este momento un especial calibre. Los supervivientes a una catástrofe requieren de toda la comprensión que el profesional pueda darle ya que puede haber sufrido graves pérdidas y la obligación del que ayuda, no solo profesionalmente sino también como seres humanos, es darle un trato cálido y cercano.

### Las expectativas

Las expectativas que una persona tiene acerca de lo que debe ocurrir y cómo actuar en relación a ello tienen un gran peso en sus emociones y en su actuación. Es posible que ante una situación de crisis las expectativas queden rotas, con lo que es necesario transmitirle la normalidad de su reacción (llanto incontrolado, inquietud, ansiedad, etc.) en ese momento. Por otra parte, es productivo crear expectativas positivas con información real, por ejemplo acerca de la ayuda que va a recibir, el servicio sanitario, los recursos de los que dispone, que poco a poco se irá estabilizando gracias a su capacidad de afrontamiento, etc. Finalmente, si el afectado está en situación, se puede crear un rol o tarea a desempeñar para aumentar su autoestima y su sentimiento de ser necesario, para ello puede darle la mano a un herido mientras que espera que lo atiendan o puede hacer cola para que le den algo de alimento, tareas siempre fáciles que no entorpezcan la labor de los intervinientes.

### La simplicidad

La atención psicológica inmediata ha de ser próxima y rápida, por ello simple. Es decir, más tarde llegará el momento de echar manos de técnicas más complejas, en ese momento se ha de buscar un equilibrio relativo dejando al afectado expresar sus emociones, que encuentre una mano amiga, que pueda llorar, que tenga la información importante (como alojamiento, comida, agua, etc.) propiciando una mejora progresiva.

Estos principios deben ser la base de la actuación, aunque no se deben perder de vista los recursos de los que se dispone ya que puede suceder que se necesite priorizar debido a la gravedad de algunos afectados. Por supuesto, a pesar de la importancia de dar apoyo psicológico lo primero siempre será salvaguardar la vida, por ello es posible que muy a pesar del profesional tenga que ajustarse a la realidad y no pueda utilizar sus habilidades sociales sino las técnicas para rescatar del peligro a los afectados.

## Aplicación práctica

**Imagine que en una emergencia se acerca a un afectado que se encuentra llorando, no está herido, pero ha sido testigo de un accidente de tráfico. El conductor de uno de los vehículos era su hijo. No sabemos en qué situación se encuentra. Explique brevemente cómo se podrían poner en práctica los principios psicológicos anteriormente explicados.**

**SOLUCIÓN**

- **Brevedad:** ese padre necesita una mano amiga que se acerque cuanto antes, entienda su reacción emocional ya que es su forma de expresar la ansiedad que está sintiendo. Como profesional se le debería explicar que esta reacción es normal y quedarse a su lado dándole apoyo, el tiempo exacto depende de la existencia de otras personas que también necesiten su atención y del estado de este afectado.
- **Inmediatez:** el apoyo psicológico debe llegar cuanto antes. Lo principal es asegurar la supervivencia de quienes se encuentran heridos e inmediatamente acudir, ya que la ansiedad vivida por este hombre debe ser inmensa.
- **Calidez:** ante todo nuestra atención ha de ser cercana, aquí la empatía será imprescindible. Es posible que no quiera tu apoyo, en ese caso se debe respetar la decisión de

Continúa en página siguiente >>

<< Viene de página anterior

una persona que posiblemente está pasando uno de los peores momentos de su vida. Si se encuentra acompañado de alguien cercano es probable que ocurra esto.

- **Expectativas:** es muy importante no engañar, es decir, si no se conoce el estado del hijo no tiene sentido decir que este se encuentra bien. Lo adecuado es trasladarle la profesionalidad del equipo y su interés en salvar la vida. Se le puede facilitar la tarea de qué hacer: informarle de a qué hospital mandan a su hijo, cómo puede llegar hasta allí, si necesita que se llame a algún otro familiar, etc.
- **Simplicidad:** en ese duro momento pequeños gestos son los más necesarios: llevarle agua, darle información necesaria y real, proporcionar comprensión, dejarle hacer una llamada e incluso administrar algún fármaco si la ansiedad fuese muy elevada.

El trance será duro de todas formas, la diferencia de la intervención consiste en que lo sea un poco menos.

## 4.3. Factores estresantes

El estrés aparece en mayor o menor medida en todos los participantes de una situación de crisis: afectados, testigos e intervinientes. Este estrés puede ser positivo en un primer momento si ayuda a activar a la acción, sin embargo, puede convertirse en perjudicial si se alarga en el tiempo o si alcanza niveles muy altos.

Cómo afecte a cada persona variará a nivel individual aunque los potenciales estresores sean comunes.

Los principales factores estresantes que pueden afectar al equilibrio emocional son los siguientes:

- Ansiedad anticipatoria en la fase precrítica, cuando se conoce la posibilidad de la catástrofe pero aún no ha sucedido.
- Miedo a la pérdida de nuestros seres queridos.
- Miedo a la pérdida o afectación de nuestras posesiones (vivienda, coche, etc.).
- Estrés derivado de la alta carga emocional durante la catástrofe.

- Posible falta de recursos básicos tras la situación de urgencia (comida, mantas, agua, etc.).
- Lesiones físicas.
- Alteraciones psicoemocionales posteriores.
- Incertidumbre hacia el futuro.
- Falta de información.

No se debe olvidar que lo que para una persona es un problema estresor enorme para otro es insignificante o lo opuesto, por tanto, se debe entender y respetar las diferencias. Por ejemplo, si tras un accidente una mujer se encuentra desesperada por encontrar su bolso podría parecer exagerada, pero si en él lleva el pasaporte y los documentos que le permiten estar en el país o la medicación que ha de tomar cada día puede que la reacción cobre otro cariz.

## 4.4. Control de situaciones de crisis. Medidas de contención

Puede parecer que las medidas e indicaciones para un afectado en una situación de crisis debieran ser muy complejas ante la gravedad de los hechos, sin embargo, las medidas que se recomiendan son lógicas y muchas personas de forma innata pueden desarrollarlas. A pesar de ello conviene que los profesionales las conozcan y las transmitan a los afectados y sus familiares, quienes darán un apoyo continuado tras la urgencia y convivirán con ellos, ya que la vuelta a la normalidad supone un gran paso en el plano socioafectivo que puede suponer dejar atrás el evento estresante o quedarse anclado en sus consecuencias.

La actuación desde un punto de vista general comprende:

a. **Tranquilizar a la persona.** Como ya se ha comentado el superviviente ha de comprender la normalidad de los síntomas que experimenta tras la situación traumática y el estrés vivido. Puede ayudar que el profesional le anticipe verbalmente lo que siente y piensa, de forma que cuando le vaya sucediendo sea algo esperado y no lo encuentre excepcional. Por ejemplo, suele ocurrirle que repite una imagen una y otra vez, reexperimentando lo vivido, si se le avisa de que probablemente esto suceda el afectado lo vivirá de forma diferente. Alguna técnica sencilla como la respiración profunda y pausada también puede colaborar en la tarea de tranquilizar a la persona.

b. **Favorecer la liberación emocional tras la situación de crisis.** Se debe favorecer la expresión de las emociones sin reprimir al afectado. Para ello algunas personas lloran intensamente, otras blasfeman, chillan o buscan un abrazo. No es momento de pedir buenos modales, cada cual ha de utilizar su propia estrategia que le permita ventilar las emociones y el estrés del momento. Es posible que nos encontremos con personas que parecen no inmutarse, en estos casos es conveniente animarlos a la liberación ya que reprimirse puede conllevarle efectos negativos *a posteriori.* Sin embargo, no todo el mundo afronta igual una misma situación, hay personas que por su entereza, creencias religiosas u otros motivos reaccionan mejor que otras, tampoco es necesario "obligarlas" a expresar sus emociones a toda costa. Ha de respetarse el estilo de afrontamiento de cada cual, recordemos que la empatía es una de las mejores herramientas en estos casos.

c. **Activar los recursos externos (apoyo social) e internos (estilo de afrontamiento) del sujeto.** Aunque los profesionales sean expertos en proporcionar apoyo psicológico, la persona debe ir volviendo a la normalidad y su rutina cuanto antes, para ello lo mejor es colaborar en la activación de sus propios recursos.

   El entorno del afectado es el más indicado para prestarle el apoyo en la vuelta a su vida diaria. Serán sus familiares, amigos y compañeros quienes deban comprender su estado de ánimo, entenderlo, animarlo y escucharlo. Las actitudes del entorno social que facilitan esta tarea son:

   - Evitar que se sienta solo.
   - Escucharle y tranquilizarle, permitiendo su desahogo emocional.
   - El descanso debe ser respetado, los detalles en las narraciones son menos importantes que el primordial descanso.
   - Aunque es importante que el afectado se sienta acompañado, también se le ha de dejar espacio para la intimidad y el silencio. Es posible que necesite tiempo en soledad para asimilar lo sucedido.

Además de la ayuda de los demás el primero que debe querer ayudarse a sí mismo es el afectado poniendo de su parte en la vuelta a sus quehaceres diarios. Algunos consejos para el afrontamiento de los días posteriores al suceso son:

- Empezar poniéndose pequeñas metas. Al día siguiente a la catástrofe no se debe intentar cumplir todos los objetivos de un día normal, tampoco quedarse anclado en el recuerdo.
- No evitar los lugares y situaciones relacionados, cuanto antes se afrontan antes dejarán de ser un obstáculo en la recuperación. Por ejemplo, si se tratara de un accidente de tráfico se recomienda que monte en coche y conduzcan cuando antes.
- Descansar. Intentar llevar hábitos saludables como llevar una dieta equilibrada y dormir lo suficiente.
- No esconder lo sucedido. Es más fácil superar la situación con el apoyo y la comprensión de los demás que intentar hacerse el héroe. Por ejemplo, si no comunicamos nada en el trabajo y nuestro rendimiento desciende temporalmente ello puede conllevarnos malas caras y reproches, pero si nuestros compañeros y jefe entienden la situación probablemente gocemos de la ayuda necesaria para volver a nuestro rendimiento habitual.

Es el afectado quien tiene el poder de su recuperación, los profesionales, el entorno y las técnicas son solo facilitadores para ello. Si se tiende a la victimización es posible que este se deje hacer y no tome las riendas de su vida, por ello una de las claves es hacerle partícipe y el protagonista de lo que le ha sucedido.

## 4.5. Situaciones de duelo

El duelo es la vivencia de una pérdida importante, generalmente de un ser querido tras su fallecimiento. Aunque puede experimentarse un duelo por otro tipo de situación, esta es la más común y a la que en este momento nos referiremos.

El duelo consta de cuatro fases, son las que a continuación se definen.

### Fase de *shock*

Es el momento justo posterior a la pérdida, al fallecimiento de ese ser querido que no volverá. Esta nueva realidad es difícil de asimilar y resulta habitual que durante esta fase parezca que se está viviendo una pesadilla de la que se despertará y nada habrá cambiado.

La persona se encuentra afligida tras la pérdida de su ser querido, estupefacta y podría parecer que casi insensible a lo sucedido o incluso serena. Sin embargo, lo que ocurre es que aún no ha podido internalizar la información, le cuesta concentrarse y está sin energía.

El dolor físico y emocional es uno de los estímulos que más ansiedad produce, por ello en este momento de gran tensión podría parecer que la persona se queda como anestesiada y que durante esta fase de *shock* comienza a digerirse la noticia poco a poco. Esta etapa puede durar desde unos días hasta varios meses. Para ir superándolo se recomienda expresar la emociones y descargarse de la tensión ya sea hablando, llorando, etc.

### Fase de culpa y resentimiento

Tras la fase de *shock* comienza un momento en el que la persona comienza a pensar en todo aquello que no hizo y que podría haber hecho, tanto en el momento de la muerte como a lo largo de su vida. "Deberíamos haber hecho aquel viaje que tanto deseaba", "Debería haberle dicho más veces cuánto lo quería" o "Nunca le pedí perdón y ya no podré hacerlo" son frases comunes de este momento.

Por otra parte, puede culpabilizar a los servicios de urgencia el fallecimiento, reaccionando de forma negativa hacia ellos. Esta es una situación difícil para la que los profesionales del campo deben estar preparados y entender que el duro momento te hace decir o hacer cosas que en otra situación no harías o dirías

En ocasiones se llega a culpar al muerto por haberse ido y haberlo dejado solo/a.

Durante este tiempo se debe producir un reajuste psicológico hacia el nuevo estado. Algunas personas lo viven de forma muy negativa ("para vivir así, mejor la muerte") mientras que otras cambian su actitud hacia la vida y comienzan a disfrutar de las pequeñas cosas, ven su situación como una nueva oportunidad.

### Fase de adaptación

La adaptación psicológica se da especialmente en esta situación, en ella comienzan a ver lo sucedido como una situación trágica inmodificable con la que, a pesar del dolor, deben vivir. Aunque no se haya superado, ya no suelen hablar en todo momento de lo que pasó y del ser querido que ya no está, puesto que entienden que la vida sigue. La expresión emocional empieza a pasar a un plano más íntimo que se debe respetar.

### Fase de superación

En este momento es cuando la persona retoma realmente las riendas de su vida, sus obligaciones familiares y laborales. Aunque esa persona quede para siempre en el recuerdo y en el corazón, ya formará parte de un pasado que no volverá y al que comienza a sobreponerse.

Muchas personas tras todo el duelo realizan importantes cambios: de lugar de residencia, actividades, trabajo, valores, etc., ya que se dan cuenta de la brevedad de la vida y deciden disfrutar y aprovechar más cada día.

En las situaciones de crisis es posible que nos encontremos con personas en la primera fase del duelo, orientarlos y asesorarlos, además de darles información acerca de la normalidad de los sentimientos encontrados puede ayudarles a afrontar el momento de dolor por el que pasan. Por todo ello es importante conocer el camino que recorre el duelo.

No todas las personas experimentan el duelo tras una pérdida, en la actualidad existe un acercamiento a este tema desde la psicología positiva denominada **resiliencia,** según la cual se puede superar el dolor sin sufrir el duelo tal y como se ha explicado. En el próximo capítulo se explica detenidamente este punto.

## 4.6. Situaciones de tensión y agresividad

Como profesional sanitario, el **técnico de transporte sanitario** puede verse envuelto en una situación de agresividad, ya sea al atender a una víctima o siendo directamente la persona a la que intentan agredir.

En el segundo caso, es decir, que lo intenten agredir, puede estar relacionado con el traslado de un paciente con una psicopatología grave en pleno momento de crisis. Aunque estos casos no ocurren todos los días, es posible que al atender a una llamada de urgencia se encuentre con un enfermo psiquiátrico que en pleno brote agudo sufra alucinaciones, delirios, etc. En esa situación puede creer cualquier cosa: que vienen los extraterrestres a por él, que lo quieren matar, que son ángeles salvadores de su familia, etc. Por ello es importante estar preparados en estos casos, contar con la ayuda de la familia (siempre que no sea contraproducente) y entender siempre que se trata de un enfermo que sufre. Lo más indicado es administrar calmantes por el bien del paciente y de los que le rodean. Si en algún momento previo a la dosis este ataca, lo ideal es cogerlo entre varias personas cuidando de su propia seguridad y de la ajena.

Por otra parte, existen por desgracia multitud de casos de agresividad que pueden necesitar de la asistencia sanitaria: acciones criminales, violencia de género, actos terroristas, vandalismo, agresiones racistas, agresiones de tipo psicológico...

En estos casos lo primero es asegurar la supervivencia de la víctima, seguidamente se le debe dar un apoyo psicológico de urgencia. Es importante indicarle y facilitarle los pasos a seguir para denunciar su situación. En muchos casos la víctima por el proceso que sufre de manos de su agresión de achicamiento psicológico le quita hierro al asunto, llegando a sentirse culpable de lo sucedido (esto es muy habitual en los casos de violencia de género). Por ello el equipo sanitario que atienda debe hacerle ver que la víctima no tiene la culpa, sino que es el agresor el que debe pagar por lo que ha hecho.

Es importante recoger los datos que víctimas, agresores y testigos expresan en esos momentos recientes tras el suceso, ya que es posible que algunos detalles importantes desaparezcan de la memoria posteriormente, sería el caso de la matrícula de un coche implicado en un accidente y que huyó, por ejemplo.

En la atención de una víctima los valores de solidaridad y de ayuda al prójimo son la base de nuestra actuación, que debe estar marcada por la empatía, un trato cálido, la comprensión y saber hacer. Entendamos que las reacciones que pueden manifestar pueden ser de lo más variadas: *shock,* miedo, ansiedad, sensación de irrealidad, etc. Se debe entender que existen detalles que facilitan el duro trance al agredido, no será lo mismo para una mujer violada que la reconozca un hombre que una mujer.

## 4.7. Situaciones de ansiedad y angustia

Conviene en este punto explicar a qué nos referimos cuando hablamos de ansiedad para posteriormente explicar una de las situaciones de ansiedad que con más frecuencia se encuentra un **técnico de transporte sanitario,** la crisis de pánico.

La **ansiedad** es una reacción normal del organismo a situaciones que demandan algo de él.

La ansiedad no se debe ver como algo negativo por sí mismo, ya que a niveles aceptables es el impulsor de muchas tareas. Se necesita un mínimo de ansiedad para preparar un examen incrementando el esfuerzo que el alumno realiza gracias al nivel de activación vivido, ahora bien, si este nivel aumenta por encima de un valor intermedio el rendimiento irá descendiendo paulatinamente. Puede llegar a un punto en el que los niveles de ansiedad muy elevados dejan a la persona en una situación de inactividad y colapso. Esta idea es la Ley de Yerkes-Dodson que se representa de la siguiente forma:

Además existen niveles patológicos de ansiedad e incluso Trastornos de Ansiedad. Estos últimos deben atenderse en consulta por un profesional y no nos detendremos en cada uno de ellos aquí.

## Nota

Los Trastornos de Ansiedad contemplados por el DSM-V-TR son:

- Trastorno de ansiedad por separación.
- Mutismo selectivo.
- Fobia específica (animal, entorno natural, lesión por inyección de sangre, situacional).
- Trastorno de ansiedad social.
- Trastorno de pánico.
- Agorafobia.
- Trastorno de ansiedad generalizada.
- Trastorno de ansiedad inducido por sustancias/medicamentos.
- Ansiedad debido a otra afección médica.
- Otro trastorno de ansiedad especificado (se aplica cuando el paciente tiene síntomas significativos, pero no cumple con los criterios para un trastorno de ansiedad específico).

Una de las situaciones que con mayor probabilidad atienda en una situación de urgencia, o incluso esta sea la urgencia es una crisis de ansiedad o ataque de pánico.

La **crisis de ansiedad** se da con la aparición temporal y aislada de miedo o malestar intensos, acompañada de cuatro (o más) de los siguientes síntomas, que se inician bruscamente y alcanzan su máxima expresión en los primeros 10 minutos:

1. Palpitaciones, sacudidas del corazón o elevación de la frecuencia cardíaca.
2. Sudoración.
3. Temblores o sacudidas.
4. Sensación de ahogo o falta de aliento.
5. Sensación de atragantarse.

6. Opresión o malestar torácico.
7. Náuseas o molestias abdominales.
8. Inestabilidad, mareo o desmayo.
9. Desrealización (sensación de irrealidad) o despersonalización (estar separado de uno mismo).
10. Miedo a perder el control o volverse loco.
11. Miedo a morir.
12. Parestesias (sensación de entumecimiento u hormigueo).
13. Escalofríos o sofocaciones.

En esta situación lo prioritario es cerciorarse de que realmente se trata de una crisis de pánico y no de otra circunstancia, como un ataque cardíaco. Posteriormente el apoyo psicológico es básico, crear un clima de confianza y tranquilidad en el que la persona pueda poco a poco recuperar su estado basal. En estos momentos la escucha activa es una de las mejores herramientas gracias a la cual el paciente pueda expresarse libremente dejando liberar sus emociones y miedos.

Para que la persona se recupere se suele llevar a cabo una técnica muy sencilla, consiste en hacer respirar a la persona en una bolsa de plástico. Gracias a ello los valores entre oxígeno (por encima de la media tras la hiperventilación) y monóxido de carbono se equilibran.

La persona que ha sufrido una crisis de ansiedad y su familia, deben recibir información acerca de en qué consiste, de la posibilidad de que suceda en cualquier momento, de lo oportuno de asistir a un especialista si existe una gran tensión diaria, de la existencia de técnicas de relajación, etc. Es muy importante además remarcar que no existe peligro de muerte por ello, ya que la sensación de que se va a morir es una de las peores y más desagradable que se dan durante la crisis de pánico.

## 4.8. Funciones del equipo psicosocial

El equipo interdisciplinar que interviene en una situación de emergencia debe estar constituido por profesionales de diferentes ramas: médicos, enfermeros, técnicos de transporte, técnicos de cuidados auxiliares de enfermería, psicólogos, trabajadores sociales, expertos en logística, cuerpos de seguridad del estado, etc.

La intervención necesaria en una situación de urgencia abarca tantos ámbitos que la labor de un profesional necesita el apoyo de otro. Aunque un bombero rescate a un herido de un incendio, necesita al equipo sanitario para que asegure su vida, este a su vez necesita de un transporte para acudir a un hospital (ambulancia o helicóptero). En las catástrofes además esta situación se agrava porque los recursos necesarios son muy variados: montar un hospital de campaña, organizar un sitio para que la gente descanse bajo techo, proveer alimentos, dar electricidad allí donde los sanitarios la necesiten, asegurar el abastecimiento de agua, etc. Por todo ello, es importante la colaboración entre los expertos en cada materia, ya que de ello dependerá el bienestar de los afectados.

En relación a la intervención psicosocial es posible que exista un coordinador y diferentes psicólogos que atiendan a los afectados. Recordemos cuando tras el 11-M se presentaron cientos de psicólogos voluntarios para atender a los damnificados.

El voluntario es otra figura relevante dentro del equipo. No se debe olvidar que se trata de alguien que teniendo sus propios problemas e intereses decide regalar parte de su tiempo y trabajo a los demás. Se le debe dar una labor que no exceda sus capacidades, que le permita colaborar y que no interrumpa ni moleste a otros profesionales.

Las funciones principales del equipo psicosocial sobre el terreno son:

- Asegurar el apoyo psicológico a los afectados. Para ello se debe impartir formación especializada a los profesionales que puedan atender este tipo de casos.
- Organizar al personal. Tanto profesionales como voluntarios priorizando los casos de mayor gravedad.
- Mantener informados tanto a los damnificados como a quienes deben tomar decisiones sobre la situación.
- Atender a los intervinientes que lo necesiten.

Los profesionales son personas que también sufren durante una situación peligrosa en la que ven el dolor ajeno. Tienen sus propios problemas personales, inquietudes, deseos, malos días, etc. Son personas que trabajan con personas para ayudar a otras personas, este detalle no se debe olvidar.

## 5. Resumen

En este capítulo nos hemos centrado especialmente en el apoyo psicológico a los afectados de una situación de urgencia. Por ello es importante distinguir entre una emergencia, desastre o catástrofe, de menor a mayor gravedad.

Las reacciones de las personas que viven una situación de este tipo son muy diversas, ya que depende de su personalidad, estilo de afrontamiento y momento vital, así como del contexto. Sin embargo, se han desarrollado algunas de las reacciones más relevantes en relación al tema: **inhibición-conmoción y estupor** por ser la reacción más natural, **pánico,** que siendo una de las que menos aparecen es la reacción más temida; y los **éxodos,** que afectan a un gran número de personas.

Por otra parte, se establece un punto para las reacciones psicológicas duraderas, que pueden derivar de enfermos psicológicos previos cuya situación se agrava o de personas con secuelas psicológicas. En cada fase de la situación de crisis existe una reacción más común: en la fase precrítica es la negación y minimización; en la fase de crisis es el *shock* y sensación de irrealidad; en la fase de reacción la actuación y toma de decisiones para salvarse; y en la fase postcrítica el intento de la vuelta a la normalidad.

Posteriormente, nos encontramos con los principios del apoyo psicológico: **brevedad, inmediatez, calidez, expectativas y simplicidad.** El apoyo psicológico de urgencia aun sin ser tan preciso como la atención psicológica que más tarde se recibe de manos de un profesional en terapia, es la base para una rápida recuperación del afectado, por ello resulta importante atender a dichos principios.

La base del apoyo psicológico de urgencia es **permitir a la persona que exprese sus emociones** liberando la ansiedad del momento, en el apartado de medidas de contención se muestran algunas indicaciones con este fin.

Las reacciones varían no solo en relación a la persona, sino también a la situación en concreto, no es lo mismo si esta implica agresividad, ansiedad e incluso duelo.

El presente capítulo se cierra con las funciones del equipo psicosocial, principalmente la atención a los damnificados e intervinientes e informar.

## Ejercicios de repaso y autoevaluación

**1. ¿Cuál de los siguientes casos no es una emergencia?**

a. El aviso de un posible infarto de un señor.
b. Un accidente entre un coche y una motocicleta en el casco urbano de la ciudad.
c. El incendio de un inmueble de tres viviendas.
d. Una pelea comenzada en un campo de fútbol que trasladada al exterior ha ocasionado más de un centenar de heridos.

**2. La reacción de conmoción-inhibición suele ocurrir...**

a. ... en las primeras horas tras una catástrofe.
b. ... a la semana aproximadamente después de una catástrofe.
c. ... entre los seis y ocho meses siguientes a una catástrofe.
d. ... en contadas ocasiones y solo cuando no existe asistencia.

**3. Señale la verdadera en relación al pánico.**

a. Es la reacción más normal ante una situación de crisis.
b. Conlleva una reacción rápida y racional ante una situación de crisis.
c. Si se controla una reacción individual se puede evitar una reacción en masa.
d. Cuando comienza no se puede hacer nada por controlarlo hasta que el miedo disminuye por sí solo.

**4. ¿Cuáles son los principios de la atención psicológica?**

a. Proximidad, inmediatez, empatía y simplicidad.
b. Brevedad, inmediatez, expectativas y complejidad.
c. Brevedad, inmediatez, calidez, expectativas y simplicidad.
d. Proximidad, inmediatez, calidez, empatía y simplicidad.

5. **Indique cuál es la falsa en relación con los objetivos del apoyo psicológico en una situación de urgencia.**

   a. Dar una atención psicológica inicial, sin aplicar técnicas para prevenir la aparición de secuelas posteriores.
   b. Llevar a cabo una intervención psicológica que sirva como la primera de una serie de sesiones que un psicólogo realizará *a posteriori.*
   c. Favorecer la expresión de emociones por parte de los afectados.
   d. Derivar a los profesionales de la terapia psicológica cuando sea necesario.

6. **¿Cuál no es una medida recomendada en la atención psicológica?**

   a. Tranquilizar a la persona.
   b. Guiar la expresión de los sentimientos.
   c. Activar los recursos externos.
   d. Potenciar el estilo de afrontamiento propio del sujeto.

7. **¿En qué momento el apoyo psicológico se da a nivel de terapia y no sobre el terreno?**

   a. Periodo precrítico.
   b. Periodo de crisis.
   c. Periodo de reacción.
   d. Periodo postcrítico.

8. **El mecanismo de adaptación psicológica propia del periodo precrítico es:**

   a. Negociación.
   b. Minimización.
   c. Sensación de irrealidad.
   d. Las respuestas a y b son correctas.

9. **Indique de las siguientes cuál no se corresponde con los síntomas de un ataque de pánico o crisis de ansiedad.**

   a. Hiperventilación.
   b. Presión en el pecho.
   c. Fuerte dolor de cabeza.
   d. Miedo a morir.

**10. ¿Cuál de estas funciones son parte de la labor psicosocial?**

a. Mantener informados a los afectados.
b. Asegurarse la provisión de agua.
c. Solicitar ayuda a nivel gubernamental.
d. Proveer alimentos a los damnificados.

Capítulo 4

# Apoyo psicológico a los intervinientes en una situación de catástrofe

# Contenido

## 1. Introducción

Cuando en los medios de comunicación se informa de una catástrofe o tenemos conocimiento de una situación de emergencia accedemos a la información del qué pasó, cómo sucedió y nos preocupamos por las víctimas; sin embargo, generalmente los profesionales pasan desapercibidos. Damos por hecho que ellos están acostumbrados y preparados para estos acontecimientos. De hecho, es cierto, aunque en esa preparación se encuentra el apoyo psicológico que reciben y se prestan entre sí para conseguir estar siempre a punto para la siguiente vez.

## 2. Reacciones psicológicas de los intervinientes

En una situación de catástrofe las reacciones de los implicados, tanto víctimas como profesionales, dependerá de factores personales y profesionales.

En el presente capítulo, nos referiremos con el término intervinientes de una catástrofe a los profesionales que trabajan en ella.

Los factores personales de los intervinientes que influyen en la actuación de estas personas son la edad, la personalidad, la situación particular, el contexto social, el estilo afectivo, etc.

No es igual la respuesta que ante una situación de emergencia da un joven de veinte años que una persona de cincuenta. Es posible que la primera sea muy madura, sin embargo, la segunda tiene mayor experiencia y probablemente haya vivenciado un mayor número de situaciones conflictivas a las que haya tenido que hacer frente. Aunque esto no es una afirmación rotunda para todos los casos, ya que la idiosincrasia de cada uno es muy diferente.

Por otra parte, varia si el acontecimiento traumático le ocurre a una persona con amplia red social, extrovertida, capaz de abrirse y expresar sus emociones, que a una persona tímida que no conoce casi a nadie.

Dentro de los factores profesionales que afectan a los miembros del equipo sanitario nos encontramos con las frustraciones, la motivación, la organización, las relaciones entre compañeros, la cercanía de la situación a la vivencia personal del profesional, etc.

### Sabía que...

Los profesionales que intervinieron en atentado del 11-M trabajaron bajo una tensión muy por encima de lo habitual. Relatan que, además de que el número de víctimas fue desmesurado, por lo que soportaban una enorme carga de trabajo, al no saber quiénes eran los afectados, temían encontrarse con cada nuevo paciente a alguien conocido o, incluso, un familiar.

No resulta igual la primera intervención de un psicólogo que la que haga tras veinte años de servicio. No es igual la empatía que puede sentir alguien que acaba de ser padre comunicando el fallecimiento de un niño pequeño a la familia que la que manifiesta alguien que no tiene hijos. Si el equipo está coordinado perfectamente y existe un clima laboral positivo, probablemente se atenderá a los usuarios de forma distinta a si sus peticiones no son escuchadas, deben trabajar más horas de las estipuladas, sus coordinadores no son buenos líderes, etc.

Como hemos visto las reacciones psicológicas de los intervinientes resultan difíciles de catalogar, ya que variarán en función de multitud de variables.

Las reacciones psicológicas en cualquier situación constan de tres aspectos:

- La **conducta** es aquello que hacemos ante una situación. La conducta se puede observar. Por ejemplo, ante un atragantamiento uno puede quedarse bloqueado y no actuar, llamar a urgencias o practicar una maniobra de Heimlich. Simplificando este punto hablaremos de una conducta pasiva (no hace nada) o activa (hace algo). Aunque la colaboración de los ciudadanos en ocasiones supone salvaguardar vidas, en otras complican su tarea, por ello los profesionales deben dar claras indicaciones a los implicados e intentar que se cumplan.

- La **cognición** es lo que pensamos. Aunque las ideas no se ven, pueden deducirse si desembocan en alguna conducta o verbalización. Hablaremos de pensamientos positivos o negativos, estos dependerán en gran medida del estilo de personalidad del individuo. Ante un accidente de tráfico podemos pensar que es una auténtica desgracia porque el vehículo ha quedado siniestro total o que hemos tenido una enorme suerte al salir ilesos cuando podría haber sido mortal.
- Las **emociones** es lo que sentimos. Como la cognición no se ve, aunque implica algunos cambios en nuestra expresión facial, sistema endocrino y la actividad del sistema nervioso autónomo. Estas son mucho más intuitivas que los pensamientos. Las emociones más características de una catástrofe son: miedo, tristeza, ira y desesperanza. Aunque, dependiendo de cada persona pueden volverse esperanza, tranquilidad al sentirse protegidos, etc.

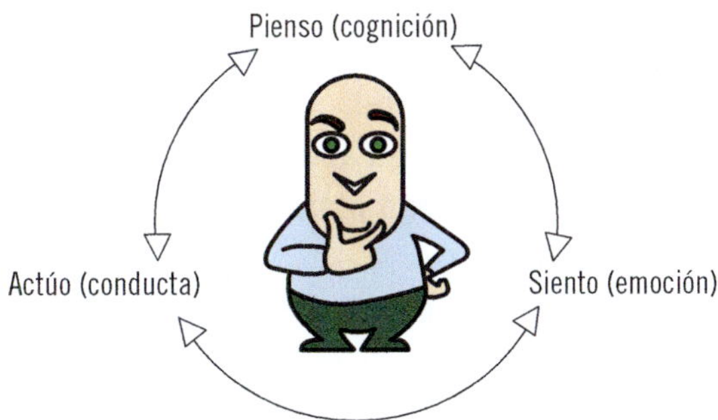


## 3. Apoyo psicológico. Objetivos del apoyo psicológico

El **apoyo psicológico** es la atención de aspectos emocionales y psicosociales de la persona que lo requiere, coordinándola con la atención física que reciba. El apoyo psicológico no debe confundirse con la terapia, ya que de ser esta última necesaria los intervinientes se derivarían a la red de salud mental para una intervención terapéutica. En este caso la atención que se les da forma parte de los protocolos de actuación en catástrofe por la alta tensión emocional en la que trabajan.

El apoyo psicológico que los intervinientes de una catástrofe necesitan, varía en función del momento en el que se encuentren. Es muy importante observar cómo este apoyo psicológico se produce desde el mismo momento en el que se organizan los grupos de profesionales que intervendrán hasta tiempo después de dicha intervención. El apoyo psicológico puede distinguirse, en este sentido, en los siguientes tipos:

- **Prevención primaria o previa.** En esta fase se presta una especial atención a la selección del personal que forma parte de los equipos de trabajo en catástrofe, así como a la correcta formación en conocimientos y habilidades para manejar las situaciones a las que se enfrentarán.
- **Prevención secundaria o durante el desastre.** En ella se da respuesta a las necesidades inmediatas de cada profesional individual y a la organización para manejar correctamente la situación. En relación a este tema se encuentra el defusing (sesiones de intervención grupal inmediata) que se desarrolla más adelante.
- **Intervención tras las primeras 48-72 horas.** Se exploran los pensamientos y emociones de los afectados, intentando darle un sentido a la experiencia vivida. La técnica relacionada con este momento se denomina *debriefing*, y se detallará más adelante.
- **Intervención a medio o largo plazo.** Asesoramiento psicológico para las personas que lo requieran.
- **Seguimiento.** Evaluación continua de los trabajadores.

Los profesionales sanitarios, además de asegurar un correcto trato hacia sus pacientes, deben velar por su propio bienestar y equilibrio psicológico, ya que de él dependerá que su trabajo siga siendo eficaz en el futuro.

Por ejemplo, es habitual que un psicólogo tras colaborar en la atención a una catátrofe, especialmente tras afrontar una situación con alta tensión emocional, como puede ser un desastre natural o un atentado, acuda a un colega de profesión para recibir atención como paciente. Los profesionales también son personas que sufren y a los que estos acontecimientos pueden afectar.

Los **objetivos del apoyo psicológico** son principalmente tres:

1. Que los usuarios superen los efectos emocionales sufridos por verse involucrados en una catástrofe, de tal forma que esta tensión emocional no tenga consecuencias a medio o largo plazo, y colaborando en que la superación de esta situación se realice lo antes posible.
2. Que los afectados puedan volver a su vida normal lo antes posible, tanto a nivel físico como psicosocial.
3. Que los profesionales manejen el estrés pudiendo mantener un servicio rápido y eficaz tras el suceso.

## 4. El Estrés

El estrés es una reacción normal de un organismo ante una situación que tiene una demanda considerada por el individuo como excesiva o que supone una amenaza.

El estrés no solo aparece en las personas, sino en todo ser vivo que pueda sentir esta sensación. Por ejemplo, si pensamos en animales salvajes en su entorno natural, un grupo de cebras en la sabana, por ejemplo, es fácil identificar la situación de estés que sufrirán al ver aparecer a lo lejos un león, su principal amenaza para la supervivencia.

Aquí observamos como el estrés es una herramienta que la evolución nos brinda para adaptarnos a una situación nueva o que nos supone un esfuerzo por encima de lo normal.

El estrés no es bueno ni malo per se, sino que depende del nivel al que estemos sometidos habitualmente y cómo se maneje. Pequeñas dosis de estrés o situaciones estresantes, pero vividas como motivadoras, pueden ayudar a superarse, y no se viven como negativas.

Los efectos que tiene el estrés sobre nuestro organismo son los siguientes:

- **Priorización del sistema nervioso simpático:** al prepararse para la acción o la huída, el organismo reacciona dándole una mayor inyección de sangre a nuestro cerebro, el corazón bombea más rápidamente (taquicardia), acelera nuestra respiración para disponer de mayor aporte de oxígeno, aumenta nuestra atención, etc.

- **Liberación de adrenalina y noradrenalina:** estos neurotransmisores nos ayudan a actuar rápidamente.
- **Se aumenta la cantidad en sangre de glucosa:** con ella estaremos preparados para el ejercicio físico necesario, por ejemplo, si debemos huir.

Todas estas reacciones son muy positivas a corto plazo, ya que contribuyen a la supervivencia, al permitirnos estar alerta y escapar o actuar ante una situación de peligro, como en el caso de las cebras que huyen del león. Sin embargo, si los niveles de estrés se mantienen altos durante mucho tiempo las consecuencias para nuestro organismo pueden ser negativas y perjudiciales, apareciendo insomnio, déficits en el sistema inmunitario, problemas de atención, ansiedad, trastorno por estrés postraumático (ver epígrafe en este capítulo), diabetes, entre otros.

Además de la reacción autónoma del organismo, el estrés se manifiesta en las personas de una forma integral, es decir, con emociones, pensamientos y conductas.

- Pueden identificarse como las principales **emociones** que sentimos bajo una situación de estrés la ansiedad, confusión, nerviosismo, miedo, irritabilidad, turbación y cambios de ánimo fluctuantes.
- Los **pensamientos** que aparecen en este tipo de situaciones suelen ser pensamientos intrusivos y repetitivos, surgiendo la autocrítica, preocupación por el futuro, temor al fracaso, dificultad para tomar decisiones, olvidos, etc.
- Las **conductas** son risa nerviosa, llanto, reacciones impulsivas, como fumar excesivamente, expresión agitada, alta reactividad en el trato con los demás, apretar la mandíbula, rechinar los dientes, tartamudeo, etc. Además nuestros músculos se contraen, se seca la boca, tenemos temblores, las manos frías, se puede sentir malestar de estómago, dolor de cabeza, temblores, sudoración excesiva y otras reacciones propias de los cambios que sufre el organismo.

Por todo lo que ya se ha explicado es adecuado que los profesionales de ayuda en situaciones de crisis aprendan a manejar el estrés en su beneficio, es decir, utilizando la inyección extra de energía que el organismo les aporta para el correcto desempeño de su labor. Sin embargo, los niveles de activación deben volver a su estado basal posteriormente, evitando así sufrir las consecuencias nocivas que a largo plazo supone.

El intentar evitar el estrés sería un intento vano, ya que es una reacción natural que manifestamos sin darnos cuenta.

Las recomendaciones que se dan en cuanto a la disminución del estrés podrían parecer, y de hecho casi lo son, las mismas que para disfrutar de una vida saludable:

- **Dormir bien.** El descanso es el momento en el que nuestro cuerpo recarga energía y nuestra mente procesa la información de todo el día permitiéndonos comenzar cada mañana con una perspectiva diferente a la que teníamos cuando nos fuimos a dormir. Sin ese descanso ni el profesional se siente bien ni el servicio que presta tiene la misma calidad.
- Mantener una **alimentación equilibrada.** De esta forma se evitan patologías como la obesidad, hipertensión, etc., y, además, facilita que nos sintamos bien con nuestro cuerpo y con nosotros mismos.
- **Realizar ejercicio a diario.** La frase latina "mente sana in corpore sano" describe el equilibrio necesario entre mente y cuerpo para el bienestar de la persona y, por tanto, del profesional que hay detrás.
- **Aprender a respirar.** Aunque parezca casi una broma, pocas son las personas que respiran correctamente. Una correcta respiración puede ayudarnos mucho a relajarnos en situaciones tensas. Además existen otras técnicas de relajación que pueden ser de utilidad como la meditación o técnicas de *mindfullness* (conciencia plena).
- Desarrollar actividades de **ocio activo.**
- Mantener una **red social bien nutrida.** Las relaciones personales suponen una de las mayores bases de bienestar para el ser humano. No es lo mismo llegar de un duro día de trabajo y que te espere la soledad a tener un grupo de amigos y familiares con quien compartir un rato de charla o deporte, momento en el que olvidamos el estrés laboral.

- Ser **realista en nuestras expectativas,** tanto propias como ajenas. Aunque se intente ser un buen profesional, se debe ser consciente de las propias limitaciones y de las del equipo (tanto a nivel de personal como técnico). Si en un accidente múltiple de tráfico se persona un solo equipo sanitario, este deberá priorizar en su atención sanitaria a los pacientes por gravedad hasta que llegue apoyo, si se plantearan atender a todas las víctimas sentirían un gran estrés y no atenderían con la eficacia adecuada.
- Anticipar y **prepararse para las situaciones estresantes.** Conocer el protocolo de actuación con el que debemos actuar, disponer de herramientas, como técnicas de relajación y buena praxis de escucha activa, supone ir por delante de la situación a la que el técnico de transporte sanitario se enfrentará.
- Tener **organizado nuestro espacio de trabajo.** El transporte sanitario que utilicemos debe estar siempre a punto y en orden para facilitar el trabajo.

## 4.1. Principales factores estresores

Los factores estresantes que pueden afectar a los profesionales del ámbito de las emergencias pueden estar relacionados con cualquier aspecto de su vida, así pueden ser personales o laborales.

El estrés al que está sometido un profesional puede depender de aspectos como la organización del trabajo, el tipo de líder que lo dirige, la sobrecarga de tareas, la relación con los compañeros, el sueldo, la motivación por la tarea, etc. Si este estrés laboral se convierte en patología se denomina *burnout.* Dada la gran incidencia de este trastorno en los profesionales sanitarios y la relevancia de sus consecuencias se dedica un epígrafe específico más adelante.

Por otra parte, a nivel personal existen multitud de factores que pueden convertirse en estresantes, como por ejemplo, la enfermedad de un familiar, problemas de pareja, falta de entendimiento con los hijos, el fallecimiento de un amigo, una crisis vital (como un divorcio), dificultades económicas, cambio de residencia, entre otros.

No se debe olvidar que, como seres humanos todos tenemos nuestro propio punto de vista, y lo que para una persona puede ser casi el fin del mundo otra lo supera con cierta facilidad. Ningún factor es estresante ni causante de un trastorno de ansiedad por sí mismo, sino que dependerá de quién sea el expuesto. Tratándose incluso del mismo suceso la idiosincrasia hace que el resultado individual sea diferente en cada individuo. En relación a este punto, podemos decir que hay factores externos e internos:

- Los factores **externos** son: los acontecimientos que rodean a la persona, el contexto en el que vive. Por ejemplo, un factor estresante externo sería vivenciar un atentado terrorista.
- Los factores **internos** son: la personalidad, el aprendizaje previo y el estilo de afrontamiento del afectado. Tras la vivencia de un atentado terrorista, una persona puede desarrollar un Trastorno por Estrés Postraumático (TEPT) o puede servirle para valorar su vida de otra manera, cambiando sus prioridades y volviéndose más altruista, pudiendo dedicar su patrimonio y su vida a ayudar a los demás, por ejemplo. Desde un extremo a otro hay muchos puntos intermedios, todos ellos factibles en distintas personas.

### Sabía que...

Solo un 7,5 % de las personas que vivieron el 11-S en la zona cero de Nueva York desarrollaron Trastorno por Estrés Postraumático (TEPT) posteriormente.

Finalmente, conviene citar una lista de factores concretos que convierten la intervención de los profesionales de las emergencias en más ansiosa. Esta fue elaborada por Rolle Fernández, psicóloga del SAMUR:

- *El fallecimiento o heridas graves de niños.*
- *El fallecimiento o heridas graves de compañeros.*
- *Sucesos en los que se identifica con la víctima.*

- *Sucesos con grupos de personas descontroladas donde se temió por la propia seguridad.*
- *Pérdida de una víctima después de un socorro prolongado.*
- *Atención a víctimas de maltrato o abuso sexual.*

Durante la actuación es posible que todos estos factores estresantes superen de cierta manera al profesional, cuando ello suceda Marcuello recomienda:

1. *Apartar al técnico afectado del lugar de trabajo hasta un lugar sin estímulos agresivos.*
2. *Preguntarle por su estado.*
3. *Realizar una escucha activa.*
4. *Asegurarse que su estado es normal para la situación por la que pasa.*
5. *Proporcionarle apoyo, elogiar su esfuerzo.*
6. *Proporcionarle un descanso (1/2 hora) o cambiarle de tarea si se estima aconsejable.*

Tras la intervención existen otras pautas y técnicas que se analizarán más tarde en este mismo capítulo y que ayudan al interviniente a afrontar sus experiencias profesionales.

## Aplicación práctica

**Si usted como profesional sanitario durante una intervención se diese cuenta de que la ansiedad le está superando hasta el punto de sentirte muy mal, ¿qué debería hacer?**

**SOLUCIÓN**

Siempre cuando sea posible y no se ponga en peligro la vida de alguna persona, por dejar de atender mi trabajo, debería seguir las siguientes actuaciones:

Continúa en página siguiente >>

<< Viene de página anterior

- Comentar a los compañeros lo que me sucede.
- Retirarme de la situación para reducir la ansiedad.
- Intentar liberar un poco de tensión, ya sea con alguna técnica aprendida, controlando la respiración o llorando.
- En cuanto terminase la intervención debería hablar sobre ello con mis compañeros y/o con el especialista del equipo en apoyo psicológico.
- Intentaría llevar una vida saludable (dieta, descanso, ejercicio, etc.) y manejar alguna técnica de relajación.

---

## 5. Trastorno por estrés postraumático

Según la última clasificación de las enfermedades mentales que estable el manual DSM V-TR, el Trastorno de Estrés postraumático (TEPT) se encuentra dentro del grupo de enfermedades trastornos relacionados con traumas y factores de estrés, y se contemplan los siguientes criterios clínicos para su diagnóstico.

### Criterio Diagnóstico A

La persona ha estado expuesta a un acontecimiento traumático que se define por los siguientes factores:

- La persona ha experimentado, presenciado o le han explicado uno (o más) acontecimientos caracterizados por muertes o amenazas para su integridad física o la de los demás.
- La persona ha respondido con un temor, una desesperanza o un horror intensos. En los niños estas respuestas pueden expresarse en comportamientos desestructurados o agitados.

### Criterio Diagnóstico B

Además, señala que el acontecimiento traumático es reexperimentado persistentemente a través de una (o más) de las siguientes formas. Se hace una especial mención a las particularidades que pueden aparecer cuando son niños pequeños los que sufren este TEPT:

- Aparecen recuerdos del acontecimiento recurrentes e intrusos que provocan malestar y en los que se incluyen imágenes, pensamientos o percepciones. En los niños pequeños esto puede expresarse en juegos repetitivos donde aparecen temas o aspectos característicos del trauma. Se suceden sueños de carácter recurrente sobre el acontecimiento, que producen malestar. En los niños puede haber sueños terroríficos de contenido irreconocible. Puede darse el caso de que el individuo actúe o tenga la sensación de que el acontecimiento traumático está ocurriendo (se incluye la sensación de estar reviviendo la experiencia, ilusiones, alucinaciones y episodios disociativos de flashback). Los niños pequeños pueden reescenificar el acontecimiento traumático específico.
- Manifestación de un malestar psicológico intenso al exponerse a estímulos internos o externos que simbolizan o recuerdan un aspecto del acontecimiento traumático.

### Criterio Diagnóstico C

En el diagnóstico de este trastorno es fácilmente identificable la evitación persistente de estímulos asociados al trauma y la aparición de un embotamiento de la reactividad general del individuo (ausente antes del trauma), observable a través de tres o más de los siguientes síntomas:

- Esfuerzos para evitar pensamientos, sentimientos o conversaciones sobre el suceso traumático.
- Esfuerzos para evitar actividades, lugares o personas que motivan recuerdos del trauma.
- Incapacidad para recordar un aspecto importante del trauma.
- Reducción acusada del interés o la participación en actividades significativas.
- Sensación de desapego o enajenación frente a los demás.
- Restricción de la vida afectiva (por ejemplo, incapacidad para tener sentimientos de amor).
- Sensación de un futuro desolador (por ejemplo, no esperar obtener un empleo, casarse, formar una familia o, en definitiva, llevar una vida normal).

### Criterio Diagnóstico D

Este criterio diagnóstico se define por la aparición de dos o más de los siguientes síntomas, ausentes antes del trauma:

- Dificultades para conciliar o mantener el sueño,
- irritabilidad o ataques de ira,
- dificultades para concentrarse,
- hipervigilancia,
- respuestas exageradas de sobresalto.

Las alteraciones que definen los síntomas de los Criterios B, C y D deben prolongarse más de un mes para considerarse como manifestados. Además, estas alteraciones deben provocar malestar clínico significativo o deterioro social, laboral o de otras áreas importantes de la actividad del individuo.

Una vez ya se ha diagnosticado la existencia de este Trastorno de Estrés PosTraumático, debe especificarse si se considera:

- **Agudo:** si los síntomas duran menos de 3 meses.
- **Crónico:** si los síntomas duran 3 meses o más.
- **De inicio demorado:** cuando entre el acontecimiento traumático y el inicio de los síntomas han pasado 6 meses o más.

### Definición

**DSM-V-TR**
Es la revisión del quinto manual diagnóstico de enfermedades mentales editado y publicado en 2022, por la Asociación Americana de Psiquiatría, conocida por sus siglas APA (del inglés *American Psychiatry Association),* la cual se encarga de dicha clasificación desde 1952, con la participación de más de 200 expertos. Junto con el CIE-11, que es el manual europeo para la clasificación de las enfermedades mentales, son los que marcan los criterios para el diagnóstico médico en salud mental.

El diagnóstico del TEPT se realiza basándose en los síntomas expresados, por ello es muy importante no obviar ninguno de ellos cuando se traslade el malestar a un especialista. El profesional debe distinguir si se trata de un malestar físico o psicológico.

Posteriormente habrá que distinguir si se trata de un TEPT o de TEA (Trastorno de Estrés Agudo). El TEA es muy parecido en los síntomas, con la diferencia de que se presenta en los primeros días tras el suceso sin llegar a aparecer durante un mes. Si estos persisten un mes o más ya se hablaría de TEPT.

Una buena red de apoyo favorece la mejoría, ya que no solo previene su aparición sino que acompaña al sujeto durante el proceso de recuperación.

En algunas ocasiones el trastorno se complica y concurre junto a otros trastornos, como la depresión, ansiedad, aparición de fobias y abuso de sustancias, además de otros problemas de salud.

La terapia individual es imprescindible en estos casos. Esta además puede ser reforzada por terapia de grupo o grupo de apoyo.

### Sabía que...

En los atentados del 11-S se personaron más de 9.000 profesionales de ayuda psicológica para atender inmediatamente a las víctimas y evitar que posteriormente sufrieran un trastorno por estrés postraumático.

El mejor tratamiento para el TEPT es la prevención, por ello se le recomienda a los intervinientes que tras experimentar una situación de alta ansiedad hablen y expresen lo sentido liberando la tensión acumulada.

## 6. Resiliencia

Tras conocer el TEPT resulta conveniente acercarnos a un término muy desconocido, la resiliencia.

La psicología positiva nació con la idea de trabajar por el bienestar de las personas, en contraposición con la psicología tradicional, más preocupada por la patología que por la persona en su totalidad.

Martin Seligman al comenzar su etapa como presidente de la Asociación Americana de Psicología (APA) en 1998 ofreció un discurso en el que recordaba que la psicología tiene tres propósitos:

1. *Curar enfermedades mentales.*
2. *Identificar y potenciar el talento.*
3. *Ayudar a las personas a ser más felices.*

Reprochaba a sus colegas que se estuvieran centrando en el primer objetivo, olvidando el resto. Este momento se considera el punto de inicio de la psicología positiva.

Beatriz Vera Poseck expresa en su libro *Psicología Positiva* lo siguiente:

> *[...] el enfoque de* ***resiliencia*** *asume la existencia en los seres humanos de escudos protectores que atenúan los efectos negativos y, a veces, los transforman en factor de superación y crecimiento.*

### Sabía que...

Estados Unidos destinó un presupuesto de 154 millones de dólares para el proyecto Proyect Liberty destinado a dar apoyo psicológico gratuito tras el 11-S. En 2003, dos años después del atentado, se comprobó que debido a la baja demanda de ayuda psicológica quedaban sin gastar 90 millones de dólares de este proyecto.

Michel Manciaux y Boris Cyrulnik, dos psicólogos franceses expertos en el fenómeno de la resiliencia, la han definido como la capacidad de una persona o grupo para seguir proyectándose en el futuro, a pesar de los acontecimientos desestabilizadores, de condiciones de vida difíciles y de traumas a veces graves.

> *[...] Las personas resilientes son aquellas que, enfrentadas a un suceso traumático, no experimentan síntomas disfuncionales ni ven interrumpido su funcionamiento normal, sino que consiguen mantener un equilibrio estable sin que afecte a su rendimiento y a su vida cotidiana.*
>
> Vera Poseck, B. (Psicología Positiva, 2008).

Este concepto considera que los seres humanos tienen una gran fortaleza y no cree que todo el mundo deba pasar por una fase de duelo tras una pérdida o suceso traumático, sino que plantea la posibilidad de un **crecimiento postraumático.** Este puede definirse como "el cambio positivo que una persona experimenta como resultado del proceso de lucha que emprende a partir de la vivencia de un suceso traumático".

El crecimiento postraumático no se refiere a que valoren como positivo el suceso traumático experimentado, sino a que sean capaces de sacar lo positivo de lo negativo y sufran cambios: cambios en sí mismos (se sienten más capaces y fuertes), cambios en las relaciones personales (valoran más sus relaciones y salen reforzadas) y cambios espirituales (cambian su forma de ver el mundo y la vida). Lo común de estos cambios es su carácter positivo hacia la superación.

Se debe aclarar que no se es resiliente, sino que se está resiliente. Es decir, que una persona puede vivir un momento de su vida con una actitud resiliente o no. Sin embargo, pese a no ser una característica personal, sino a un estado, existen algunas características que relacionan actitudes personales con el estado de resiliencia:

- La tendencia a recordar los aspectos positivos de la autobiografía, quitándole peso a lo negativo.
- La creencia de que parte de la vida es impredecible.
- La tendencia a verse afortunados, valorar los aspectos positivos de la vida, al compararse con los demás.
- Se perciben como supervivientes, que tras pasar el suceso negativo cuentan con más estrategias y recursos de afrontamiento.

No se puede obligar a nadie a afrontar una situación con una actitud resiliente y positiva, como tampoco se debe considerar que todo el mundo debe sufrir secuelas psicológicas negativas y sentirse víctima.

## 7. Síndrome del quemado

Herbert J. Freudenberger fue el primero en hablar del **síndrome del *burnout*,** que en castellano se traduce por "síndrome del quemado".

Definición

***Burn-out***
Conjunto de síntomas médico-biológico y psicosocial, inespecíficos que se desarrollan en la actividad laboral como resultado de una demanda excesiva de energía.

Frudenberger, tras observar a cientos de profesionales (psicólogos, consejeros, médicos, asistentes sociales, enfermeros y dentistas), describió este síndrome en el que los trabajadores se sienten agotados, sobrecargados y exhaustos. Describió que después de cierto tiempo estos profesionales perdían mucho de su idealismo y también de su simpatía hacia los pacientes. Lo observó principalmente en los profesionales de ayuda, cuya actividad va dirigida hacia otras personas.

En el marco de la psicología del trabajo se ha estudiado mucho este tema que afecta a todos los campos laborales. Se presenta más en mujeres que en hombres, y se ha observado que lo padecen personas cualificadas y altamente comprometidas con su profesión.

Actualmente, las labores de servicio a los demás (docencia y sanidad) siguen siendo las que presentan una tasa mayor de *burnout.*

El *burnout* puede comenzar por el alto estrés propio de una tarea que exige un gran rigor al profesional, como el ámbito sanitario, aunque también puede provocar otras circunstancias:

- Mala organización del grupo de trabajo.
- Escasa o nula comunicación con los compañeros.
- Desvalorización continuada del trabajo por parte de los superiores.
- Etc.

El síndrome de estar quemado comienza con los índices corporales normales del estrés, sin embargo, al no disminuir la alta tensión soportada y al no gestionarla correctamente, las molestias se multiplican y cronifican. Las principales consecuencias de este malestar a nivel físico son: insomnio, dolor de cabeza, trastornos digestivos, infecciones, trastornos respiratorios, oscilación de peso, problemas cardíacos, dolores musculares y problemas en la piel (como manchas y psoriasis).

Aunque las afecciones físicas son importantes, el principal marcador de este trastorno ocurre a nivel psíquico y emocional. Para definirlo se utilizan en concreto cuatro factores:

1. **Agotamiento.** Se sienten siempre cansados, con lo que el mismo agotamiento les lleva a la sensación de no poder aportar más a la tarea, de

estar al borde de sus capacidades. Este agotamiento tanto físico como emocional les lleva incluso a somatizar físicamente el estrés.

2. **Escepticismo o despersonalización.** En ocasiones es una sensación y otras una realidad, pero generalmente se sienten alejados de los compañeros y de los pacientes. Ello les lleva a acuñar una actitud de distanciamiento hacia el contexto que no les lleva más que a profundizar en el estrés volviendo aún más difícil su situación. Esta actitud puede provocar sensación de cinismo cuando en realidad la persona está sufriendo.
3. **Ineficacia.** Todo lo anterior les lleva a la sensación de incompetencia, de que, al estar al límite y no dar más de sí el resultado de su trabajo no es el que debería ser.
4. **Impotencia.** Este factor es el más relevante, ya que puede ocurrir que en una época concreta un profesional se sienta agotado, alejado y un tanto ineficaz, pero si siente que esto no va a cambiar y que además no puede hacer nada por modificarlo probablemente estemos ante alguien con *burnout*. La impotencia es, por tanto, un elemento clave.

Las personas que rodean al afectado de *burnout* suelen creer que están afectados de depresión en algunos casos. En otras los clasifican como de extremadamente sensibles o, por el contrario, de insatisfechos con el trabajo.

Para el enfermo la tarea que desarrolla deja de ser motivadora por sí misma y los logros que anteriormente le hacían sentirse bien ya no lo consiguen. Aunque dejen a un lado parte del trabajo y cuenten con más tiempo el estrés no desaparece. En esta situación es necesaria la ayuda de un especialista. No se debe olvidar que el *burnout* es la manifestación más grave del estrés laboral.

## Aplicación práctica

**Imagine que tiene un compañero que actúa diferente, y aunque intente negarlo usted nota que algo le sucede. Sospecha que padece síndrome de *burnout*, ¿en qué debería fijarse para saber si está sufriendo este síndrome?**

Continúa en página siguiente >>

<< Viene de página anterior

**SOLUCIÓN**

Debe fijarse especialmente en si ese compañero expresa:

- Agotamiento psíquico: en situaciones para las que antes tenía siempre energía ahora parece que le falta. Puede que esté somatizando ese estrés y sufra caída del cabello, picores, úlceras, problemas de insomnio. También es muy frecuente que se muestre irritable continuamente.
- Falta de implicación emocional: de pronto parece que se haya convertido en un cínico y trate a los pacientes con una actitud lejana y altiva que no le es propia. Por otra parte, puede que empiece a cargar a los compañeros con su tarea, cuando este compañero solía tener un trato cálido tanto con los pacientes con los compañeros y no se intentaba aprovechar de su trabajo.
- Falta de realización personal y profesional: se le nota que no está bien, su actitud denota falta de autorrealización y aunque se esfuerce por realizar sus tareas su trato con los demás y con la labor en sí misma es diferente. Puede agobiarse mucho con pequeñas demandas.

Estos son algunos síntomas que pueden ayudarle a identificar en su compañero la aparición de este síndrome, y le permitan orientarle para que solicite ayuda profesional. Sin embargo, nunca debe tomar este juicio como sustituto del diagnóstico, tarea que siempre debe corresponder al profesional de la salud mental.

---

## 8. Traumatización vicaria

Se ha explicado con anterioridad la importancia de la empatía en los intervinientes con las víctimas de una situación de emergencia. Esta cercanía emocional ayuda a ayudar, al entender por lo que está pasando el afectado e intentar darle el mejor trato en cada situación particular. Sin embargo, el profesional debe poseer la capacidad de anestesiarse emocionalmente en parte, esto quiere decir que no se acerque al paciente hasta el punto de sentirse afectado. Imaginemos un técnico de transporte sanitario que debe realizar un servicio llevando a un niño pequeño malherido y a su padre; el profesional debe empatizar con el progenitor de forma que entienda su nerviosismo y le de el trato que merece atendiendo a la situación, pero no sería productivo que se echase a llorar con él, ya que el pequeño debe llegar rápidamente a un centro hospitalario para ser atendido con urgencia y su traslado debe ser rápido y eficaz.

En ocasiones, los profesionales sanitarios se ven realmente afectados por una situación en la que intervinieron y sufren traumatización vicaria. Esta se parece al síndrome de estar quemado y puede llegar a ser confundida. La diferencia fundamental entre ambos reside en que el *burnout* se relaciona con un proceso, es decir, poco a poco el profesional se quema. Por otra parte, la traumatización vicaria está relacionada con un momento concreto, un acontecimiento en particular que marca al profesional y le lleva a experimentar emociones negativas *a posteriori* propias de sus pacientes. Además pueden desarrollar sentimientos de culpabilidad y sentir que podrían haber hecho algo más.

De forma semejante al estrés postraumático en la traumatización vicaria aparecen las siguientes señales:

- **Reexperimentación de lo vivido.** Especialmente a nivel emocional se vuelve a sentir miedo, angustia y dolor.
- **Estar vigilante y alerta aunque la situación traumática haya finalizado.** Esto quiere decir seguir activado como cuando sucedió, señal de que no se ha desconectado del acontecimiento.
- **Evitación de lugares y detalles que recuerden a la situación traumática.**

Para evitar la traumatización vicaria es importante que los profesionales cuenten con una red de apoyo. Actualmente cada vez es más frecuente que como parte de los equipos de intervinientes se incluya un profesional encargado de ayudar a los que ayudan, facilitando que los sanitarios exterioricen con él sus emociones evitando la sobrecarga emocional. Si aún así se produce la traumatización se debe acudir a un especialista que llevará el tema de la mejor manera.

## 9. Técnicas de ayuda Psicológica para los intervinientes

En este epígrafe se desarrollan algunas técnicas que ayudan a los intervinientes en el afrontamiento emocional de los acontecimientos que marcan su actuación profesional. Estas técnicas y otras técnicas son importantes en la medida que les facilita seguir actuando con la misma eficacia en situaciones de alta tensión.

## 9.1. Técnica de ayuda mutua *(Buddy-system)*

El término *buddy-system* hace referencia al compañerismo, se basa en la ayuda mutua que se proporcionan los compañeros cuando trabajan juntos.

La base de esta técnica se encuentra en los submarinistas que acostumbran a sumergirse en parejas ante la posibilidad de peligro cuentan con alguien para ayudarles. Como ellos son conocidos otros grupos que trabajan en pareja como la policía o la guardia civil.

En las situaciones que implican cierta peligrosidad, tener al lado a una persona en quien se confía, tanto profesional como emocionalmente, beneficia al desarrollo profesional y a descargar la tensión propia del momento vivido.

Nota

Si se recuerda cualquier película policíaca es fácil encontrar muchos casos de compañeros que cubren y protegen, son casi como familia, que se arriesgan por salvar al compañero.

Se ha visto con anterioridad que el ser humano es, ante todo, un ser social. Por ello se busca la compañía del otro para sentirse reconfortado y protegido, especialmente en situaciones peligrosas y con alta carga emocional, como son las situaciones de intervención en emergencias. Por todo ello, la figura del compañero cobra un cariz diferente en estos empleos, al que puede acontecer en otros, como, por ejemplo, en la atención al cliente en una tienda, en la que cada uno debe cumplir su función y, aunque entre sí se coordinen, no dependen tanto unos de otros y la confianza y el apoyo prestado no se viven igual.

Podría pensarse que si tan importante es el compañerismo, a mayor número de integrantes en el grupo de trabajo mejor será el apoyo emocional. Sin embargo, la unión que puede establecerse entre una pareja puede peligrar si se convierte en un trío, ya que una de las personas puede quedar más desconectada de los otros dos. Existen ocasiones, como un rescate, en el que el equipo de trabajo necesariamente debe estar integrado por más personal. En estos casos es conveniente no solo regirse al trabajo común, sino intentar hacer una piña del grupo. Para ello se puede hacer alguna actividad en común, como reuniones, por ejemplo, donde compartir las experiencias, de ellas se gana unión y comprensión por parte de los compañeros, así como sofocar la tensión experimentada a nivel individual.

Los equipos de pareja que trabajan juntos y que están bien establecidos sirven para descargar los miedos, las esperanzas, desilusiones, etc. En definitiva, los sentimientos que forman parte del trabajo sanitario. De hecho, uno de los actos que peor visto está entre los que trabajan con un compañero (como la "pareja de la guardia civil" o la policía) es no prestar ayuda a quien ha estado contigo.

El compañerismo, por lo tanto, no es solo una manera de ser más eficaces y de coordinar mejor nuestra labor profesional, sino que también se trata de una mejora en la calidad de vida laboral. Se trata de un elemento a reforzar.

## 9.2. Técnicas de ventilación emocional y afrontamiento de situaciones críticas *(defusing* o *debriefing)*

Jeffrey Mitchell ideó en 1983 su teoría general sobre intervención en crisis y desastres naturales, en la que incluyó la técnica CISD *(Critical Incident Stress Defriefing).* Este programa estaba destinado a reducir el estrés en el personal de servicios de emergencia, basándose en el modelo de intervención de la psiquiatría militar que ya utilizaba un modelo similar con los soldados de la II Guerra Mundial en su rehabilitación psicológica.

> *A grandes rasgos, la técnica consiste en facilitar la ventilación en grupo de los sentimientos y emociones relacionados con la experiencia traumática vivida, con el propósito de reordenarla cognitivamente de una forma más adaptativa.*
>
> (Vera Poseck, B.2004).

En la actualidad es una de las técnicas más utilizadas en las situaciones de emergencia. Aunque cuenta con muchos detractores (ya que no existe un marco científico que la avale), su universalidad, facilidad de aplicación y bajos costos potencian su puesta en práctica.

En su origen el CISD o lo que nosotros llamaremos *Defriefing* es una técnica dentro de un programa multicomponente *(Critical Incident Stress Management).* Sin embargo, en la actualidad parece haberse olvidado y se utiliza como una técnica aislada. Además, el propio Mitchell defiende que el *Defriefing* no se concebió como un sustituto de la terapia, sino como una intervención inmediata que puede sofocar los síntomas e identificar los posibles sujetos que puedan necesitar de una terapia *a posteriori.*

Por otra parte, se recuerda que es una técnica grupal, a pesar de que en algunas ocasiones se intente aplicar a nivel individual.

Aunque en su origen fue pensada para los profesionales, su uso se ha generalizado también a las víctimas de la situación traumática.

Algunos autores diferencian entre ***defusing*** y ***defriefing.*** Sugieren que el primero se refiere a la intervención más inmediata y el segundo cuando esta se da dos o tres días después del acontecimiento. Sin embargo, en realidad se trata de la misma técnica, con lo que esta diferenciación carece de importancia.

Mitchell y Everly (2000) establecieron que el *defriefing* cuenta con siete fases:

1. ***Introducción:*** *se presentan las normas (destacan la confidencialidad y respeto total a las emociones propias y ajenas), los objetivos y el profesional que guiará al grupo. La idea es crear un clima de confianza y calidez óptimo para expresar las vivencias y sentimientos de los participantes.*
2. ***Hechos:*** *este momento es el de reconstruir experiencias, recoger qué sucedió y cómo se vivió.*
3. ***Pensamientos:*** *se refiere a las ideas que se relacionan con lo sucedido. Es importante analizar los pensamientos disruptivos que pueden perjudicar al profesional y reelaborarlos. Puede ocurrir, por ejemplo, que se desarrolla sensación de culpa por no lograr salvar a alguien o no llegar a tiempo, si no se habla de ello y vuelve a estructurar puede perjudicar la intervención de este profesional en el futuro.*

4. ***Reacciones emocionales:*** *se ha de trabajar con las emociones y sentimientos derivados de la situación traumática tal y como con los pensamientos. Para este punto el grupo debe contar con un buen nivel de confianza.*
5. ***Síntomas:*** *se refiere sobre todo al intercambio de experiencias, ya que esta técnica busca la liberación emocional, pero también el apoyo entre compañeros.*
6. ***Información:*** *Se transmite información sobre la normalidad de sus reacciones, los síntomas del TEPT, se puede entregar algún tipo de material al respecto, etc.*
7. ***Reconexión:*** *se intenta cerrar la experiencia, para ello se puede hacer un minuto de silencio, una carta, etc. Lo importante es poder finalizar el capítulo tras trabajar con los pensamientos y emociones que suscitaron en el profesional.*

Sin embargo, estas pueden ser sintetizadas en cuatro grandes grupos (Hodgkinson y Stewart, 1990), que son las siguientes:

- *Fase de introducción.*
- *Fase de narración.*
- *Fase de reacción.*
- *Fase de educación.*

Es importante señalar que esta técnica se basa en la necesidad de la ventilación emocional para evitar secuelas psicológicas defendida por un modelo patogénico. Sin embargo, desde un modelo salutogénico se aboga por la fortaleza del ser humano y recuperación natural al trauma.

## 9.3. Técnicas de control de estrés

La mejor técnica de control de estrés es mantener una vida saludable, que como ya se ha comentado, se basa en dormir bien, mantener una dieta equilibrada, hacer ejercicio, caminar, tener una buena red de apoyo, etc.

Para el profesional sanitario no es fácil mantener estos hábitos, ya que generalmente los horarios laborales los exponen a cambios en su rutina casi a diario. Sin embargo, existen dos tipos de perfiles, aquellos que se dejan llevar por el día a día o quienes intentan sacar al menos un ratito para cuidarse. Caminar es un ejercicio que se puede desarrollar fácilmente y para el que solo es necesario disponer de unos treinta minutos, por ejemplo.

Es recomendable además que manejen alguna técnica de relajación, actitudes, o actividades en esta línea, ya que los niveles de estrés con los que suelen trabajar pueden pasarles factura si no encuentran una vía para liberarlo. A continuación se exponen algunas opciones.

### *Mindfulness* (Conciencia plena)

El *mindfulness* o conciencia plena, ha sido definido como la atención mantenida y no valorativa al aquí y ahora, suponiendo un trabajo basado en la propia experiencia que no se limita a dar unas pautas al que la pone en práctica sino que conlleva un trabajo activo en el momento presente (Kabat-Zinn, 1990). Las personas que siguen este sentido logran una mejora significativa e informan ser más conscientes de sus procesos de pensamiento automático, por lo que ganan libertad a la hora de comprender sus condicionamientos. A pesar de sus beneficios, son muchos los que empiezan a practicar y muy pocos los que logran mantener dicha práctica con cierta constancia.

| *Mindfulness* | |
|---|---|
| **Social** | **Emocional** |
| Empatía<br>Comunicación emocional<br>Resolución conflictos | Conciencia emocional<br>Regulación emocional |

### Respiración

Aunque todos llevamos a cabo una respiración instintiva, sin la cual nos sería imposible vivir, pocas personas realizan una correcta y profunda respiración abdominal.

Aprender a respirar profundamente ayuda a relajarse en momentos de alta tensión. Solo se necesita de cierta práctica y paciencia para cambiar un hábito, el respirar incorrectamente, con el que se lleva viviendo toda la vida.

Sabía que...

Los yoguis miden la duración de la vida humana por el número de respiraciones.

## Yoga

El yoga es una disciplina física y mental relacionada con la meditación. Su práctica mejora el bienestar físico y mental.

Aunque el yoga supone todo un estilo de vida. En la actualidad existen muchas personas que sin adherirse a su totalidad sí practican las posturas del yoga.

## Taichí

Es un arte marcial caracterizado por movimientos lentos y fluidos. Su práctica diaria ayuda a la relajación corporal, la concentración y el control de la respiración. Tiene muchos beneficios para la salud.

## 10. Resumen

El presente capítulo se centra en el apoyo psicológico a los intervinientes, es decir, a los profesionales que trabajan en una situación de crisis.

Las reacciones psicológicas de los intervinientes dependen de varios factores, entre ellos el estilo de afrontamiento de cada persona.

El apoyo psicológico que los intervinientes de una catástrofe necesitan varía en función del momento en el que se produzca, siendo los objetivos de este apoyo: que los usuarios superen los efectos emocionales, que los afectados puedan volver a su vida normal lo antes posible y que los intervinientes manejen el estrés para mantener un buen servicio.

El estrés que manejan los profesionales en una situación de crisis es muy alto, por ello aunque les ayuda a activarse, deben intentar tener algunos hábitos saludables para controlar sus efectos. Estas recomendaciones son: **dormir bien, mantener una dieta equilibrada, realizar ejercicio, manejar alguna técnica de relajación,** etc.

Si el estrés no se maneja correctamente puede derivar en un trastorno de estrés postraumático, como consecuencia de una situación de crisis, o en ***burnout,*** si se trata de un profesional quemado con su trabajo.

Para afrontar el estrés propio de la práctica sanitaria se explican algunas técnicas tales como: ***buddy-sistem*** o compañerismo, ***defriefing*** o trabajo en grupo de ventilación emocional y otras técnicas (respiración, taichí, yoga y *mindfulness).*

Los intervinientes son personas que, contando con sus propios problemas e intereses, deciden dedicar su vida a ayudar a los demás. Por ello, cuando necesitan ayuda se les debe dar el apoyo psicológico que necesiten.

## Ejercicios de repaso y autoevaluación

1. **Cuando en una situación de crisis nos referimos a los intervinientes estamos hablando de...**

   a. ... los afectados heridos.
   b. ... los afectados no heridos.
   c. ... los testigos.
   d. ... los profesionales.

2. **Marque cuál de estos efectos fisiológicos no están relacionados con el estrés.**

   a. Aumento de glucosa en sangre.
   b. Liberación de adrenalina.
   c. Vasoconstricción periférica.
   d. Bradicardia.

3. **¿Qué situación es, en principio, más ansiosa?**

   a. Herida leve de un niño.
   b. Atención a víctima de maltrato y/o abuso sexual.
   c. Falsa alarma de un infarto de corazón.
   d. Traslado de una parturienta.

4. **Marque cuál de los siguientes no es uno de los objetivos principales del apoyo psicológico.**

   a. Que los usuarios superen los efectos emocionales sufridos por verse involucrados en una catástrofe.
   b. Que los afectados puedan volver a su vida normal lo antes posible, tanto a nivel físico como psicosocial.
   c. Que los profesionales manejen el estrés pudiendo mantener un servicio rápido y eficaz tras el suceso.
   d. Ofrecer terapia psicológica a los afectados que lo necesiten tras el suceso.

5. **El estrés es:**

   a. Beneficioso para el ser humano.
   b. Perjudicial para el ser humano.
   c. Beneficioso o perjudicial, depende del grado.
   d. Ni beneficioso ni perjudicial, ya que no tiene ninguna consecuencia en el ser humano.

6. **El TEPT se diferencia del TEA (Trastorno de Estrés Agudo) en:**

   a. Tiempo desde que sucedió la situación traumática hasta que aparecen los síntomas.
   b. Sintomatología.
   c. Gravedad en los síntomas.
   d. Son dos denominaciones de la misma patología.

7. **La traumatización vicaria se refiere a:**

   a. El proceso por el los profesionales se estresan con su labor.
   b. Experimentación del profesional de la vivencia traumática de los pacientes.
   c. El estrés colectivo de todo un grupo de profesionales de la salud.
   d. Todas las opciones son incorrectas.

8. **La resiliencia forma parte de una perspectiva psicológica denominada:**

   a. Psicología social.
   b. Psicología terapéutica.
   c. Psicología positiva.
   d. Psicología experimental.

9. **En relación al *burnout* marque el elemento clave en la descripción de las consecuencias psíquicas:**

   a. Agotamiento.
   b. Escepticismo o despersonalización.
   c. Ineficacia.
   d. Impotencia.

**10. El *mindfulness* es:**

a. Un arte marcial.
b. Una práctica derivada del hinduismo.
c. Una invención occidental.
d. Un trabajo activo del momento presente.

# Bibliografía

## Monografías


- ALEMANY, C.: *El difícil arte de escuchar: un arte complejo.* Ed. Sal Terrae. 1995.
- American Psychiatric Association: *DSM-5-TR: manual diagnóstico y estadístico de los trastornos mentales.* Editorial Médica Panamericana, 2023.
- FERNÁNDEZ Millán, J. M.: *Apoyo psicológico en situaciones de emergencia.* Madrid: Ed. Pirámide, 2005.
- GAN, F. y TRIGINÉ, J.: *Manual de instrumentos de gestión y desarrollo de las personas en las organizaciones.* Ed. Díaz de Santos. 2006.
- GARCÍA Madruga, J. A. y MORENO Ríos, S.: *Conceptos fundamentales de Psicología.* Madrid: Alianza Editorial, 2011.
- LAZARUS, R. S.: *Estrés y emoción: su manejo e implicaciones en nuestra salud.* Bilbao: Ed. Desclee de Brouwer, 2000.
- MELGOSA, J.: *¡Sin estrés!.* Madrid: Ed. Safeliz, 2006.
- OLHAM, J. M., SCODOL, A. E. y BENDER, D. S.: *Tratado de los trastornos de la personalidad.* Barcelona: Ed. Elsevier Mason, 2007.
- ROGERS, C.: *El proceso de convertirse en persona. Barcelona:* Ed. Paidós Ibérica, 2011.

- ROSENWEIG, M., BREEDLOVE, S. M. y WATSON, N. V.: *Psicobiología: una introducción a la neurociencia conductual, cognitiva y clínica.* Barcelona: Ed. Ariel, 2005.

- VERA Poseck, B.: *Psicología positiva. Una nueva forma de entender la psicología.* Madrid: Ed. Calamar Ediciones, 2008.

## Legislación

- Ley 41/2002, de 14 de noviembre, básica reguladora de la autonomía del paciente y de derechos y obligaciones en materia de información y documentación clínica.

## Textos electrónicos, bases de datos y programas informáticos

- BALOIAN, Ignacio, CHIA, Enrique, CORNEJO, Consuelo y PAVERINI, Claudia: *Intervención psicosocial en situaciones de emergencia y desastres: guía para el primer apoyo psicológico.* Orientamur, de: <http://www.orientamur.murciadiversidad.org/gestion/documentos/2-intervencion_psicosocial.pdf>.

- FERNÁNDEZ, Itziar, MARTIN BERASTAIN, Carlos y PAEZ, Darío: *Emociones y conductas colectivas en catástrofes: ansiedad y rumor, miedo y conductas de pánico,* de: <http://www.sld.cu/galerias/pdf/sitios/desastres/emociones_conductas_colectivas_catastrofes.pdf>.

- GUIA DIDÁCTICA DE INTERVENCIÓN PSICOLÓGICA EN CATÁSTROFES. D*irección General de Protección Civil y Emergencias,* de: <http://www.proteccioncivil.org/es/DGPCE/Informacion_y_documentacion/catalogo/carpeta02/carpeta25/guiadidac_ipc/data/pdfs/unidad_didactica_02.pdf>.

- John W. Barnhill, Generalidades sobre los trastornos de ansiedad, de: <https://www.msdmanuals.com/es-es/professional/trastornos-psiqui%C3%A1tricos/trastorno-de-ansiedad-y-trastornos-relacionados-con-el-estr%C3%A9s/generalidades-sobre-los-trastornos-de-ansiedad>.

- MARCUELLO GARCÍA, A. A.: *Intervención psicológica inmediata en catástrofes,* de: <http://www.psicologia-online.com/articulos/2006/psicologica_catastrofes.shtml>.

- RAMOS, Natalia, HERNÁNDEZ, Sandra y BLANCA, Mª José: *Hacia un programa integrado de mindfulness e inteligencia emocional.* Infocop online, de: <http://www.infocop.es/view_article.asp?id=2931>.

- VALERO ALAMO, Santiago: *El pánico y comportamiento colectivo*, de: <http://www.desastres.org/libros/panico.htm>.

- VERA POSECK, Beatriz: *Trauma y ventilación emocional: ¿mito o realidad?* Grupo Isis, de: <http://www.grupoisis.com/articulos/Trauma%20y%20ventilacion.doc>.